Pol ROUSSEL
Sous-Économe au Collège

HISTOIRE
DU
COLLÈGE DE MEAUX
depuis sa fondation jusqu'à nos jours
1556-1909

Ouvrage honoré :
d'une Souscription du Conseil Municipal
de la Ville de Meaux
d'une Subvention de l'Association Amicale
des Anciens Élèves du Collège

Avec des notes, des pièces justificatives
et une vue panoramique du Collège de Meaux

Prix : 2 fr. 50

MEAUX
Imprimerie Léon BELLÉ, rue de l'Arbalète, 11

1910

HISTOIRE

DU

COLLÈGE DE MEAUX

Pol ROUSSEL

Sous-Économe au Collège

HISTOIRE
DU
COLLÈGE DE MEAUX

depuis sa fondation jusqu'à nos jours

1556-1909

Ouvrage honoré :
d'une Souscription du Conseil municipal
de la Ville de Meaux
d'une Subvention de l'Association amicale
des anciens Élèves du Collège

Avec des notes, des pièces justificatives
et une vue panoramique du Collège de Meaux

MEAUX
Imprimerie Léon BELLÉ, rue de l'Arbalète, 11

1910

Vue panoramique du Collège de Meaux, en 1910

AVANT-PROPOS

Parmi les divers monuments qui contribuent à la vitalité et à l'esthétique d'une ville, il en est deux surtout qui doivent faire surgir les pensées et capter l'attention : l'École et le Collège. En effet, l'esprit ne saurait se tourner vers des sujets plus dignes de réflexion. N'est-ce point dans ces deux établissements que résident tous les espoirs et toutes les forces de la génération future ? N'est-ce pas à l'ombre de ces murs que tout un petit peuple travaille à la recherche des vérités, à la compréhension des choses et de la vie ?

Un temple, une cathédrale élèveront l'esprit vers les hautes pensées ; leur masse grandiose, évocatrice des époques disparues, l'entraîneront vers le domaine de la rêverie, mais dès que se manifestera dans l'âme un retour vers les choses plus positives, ce sera certainement sur le Collège ou sur l'École que les yeux du penseur ou du curieux s'abaisseront.

Le Collège de Meaux, de par son antiquité, de par son histoire, doit plus que tout autre exciter et retenir l'attention.

Aussi bien ce travail — mon premier essai historique — me fut une source de douces joies. Tout d'abord je ne comptais établir qu'une mince brochure, mais, à mesure que j'avançais dans mes recherches, je me rendis compte de toute la difficulté et de toute l'importance de cette tâche que j'avais assumée sans de trop grandes réflexions. C'est en considérant tous les efforts qu'il me fallait faire pour la mener à bien que je me pris à l'affectionner. La course au document, les longues heures que je passais dans les archives ou les bibliothèques sur les livres et les manuscrits poudreux, à la recherche du renseignement neuf, inédit, loin de me rebuter, me procuraient un plaisir sans cesse renaissant, ce plaisir émanant du travail intellectuel que peuvent seuls comprendre ceux-là qui s'y adonnent. Et c'est ainsi, à mesure que mon travail avançait, que je me prenais à aimer davantage ce vieux Collège de Meaux où se seront écoulées, laborieuses et calmes, quelques-unes de mes plus belles années.

J'ai divisé ce petit ouvrage en deux parties : le Collège, de sa fondation à 1789 et de cette dernière date à nos jours. Pour la rédaction de la première partie, c'est-à-dire pour la période la plus obscure en raison de l'éloignement, mais non pas la moins intéressante, j'ai trouvé aux archives de l'hôpital général de Meaux, que le Bureau d'administration de cet établissement, ainsi que M. le Maire Lugol voulurent bien m'ouvrir toutes grandes, une foule de documents manuscrits du plus haut intérêt et qui m'ont singulièrement facilité la tâche ; la seconde partie, en raison de l'abondance des pièces, était relativement plus facile à composer. Deci delà, j'ai distribué quelques notes qui serviront à la compréhension plus complète du texte et j'ai publié sous le titre : « Pièces justificatives » quelques-uns des documents ou extraits de documents les plus capitaux. On trouvera également annexés aux pièces justificatives quelques tableaux chronologiques et synoptiques. Au résumé, je crois dans mes exposés comme dans mes réflexions m'être toujours maintenu dans les bornes strictes de l'impartialité.

Surtout qu'on ne m'accuse pas d'avoir été diffus ; il y avait tant, il y aurait tant à dire, que je me suis reproché parfois d'être si rapide, de ne pas m'arrêter plus longtemps sur certains faits particulièrement saisissants. J'ai fait mon possible pour être à la fois concis et précis et je me suis appuyé sur des sources sûres dont on trouvera à la fin de cet ouvrage la justification.

Puisse cette simple et modeste étude faire mieux connaître et mieux apprécier notre beau Collège ; c'est là le seul mobile qui fit agir ma plume et de même, en présentant ce travail au public, c'est là mon seul vœu.

POL ROUSSEL.

Meaux, 5 Janvier 1910.

La reconnaissance me commande un devoir qu'il m'est d'ailleurs bien doux de remplir. Je ne saurais, en effet, me soustraire à l'obligation de remercier tous ceux qui m'accordèrent leurs encouragements et leurs conseils et me rendirent ainsi mon travail plus agréable et plus facile.

C'est tout d'abord à M. Lugol, maire de Meaux, que je veux payer ce tribut de gratitude. Non seulement M. Lugol accueillit mon projet avec la plus grande amabilité, mais il me fit ouvrir les archives de l'Hospice général de Meaux, où je pus consulter de si précieux documents ; de plus, il s'employa avec la plus bienveillante activité, au Conseil Municipal, afin de faire voter une souscription pour mon ouvrage. A ce même titre je suis heureux de remercier M. Vesseron, conseiller municipal, et comme M. Lugol, ancien élève de notre Collège, qui, je le sais, suivit toujours mes efforts avec bienveillance et ne m'a jamais ménagé sa sympathie.

Je dois également beaucoup à notre distingué Principal, M. Brepsant, qui me communiqua d'intéressants documents, et voulut bien parfois m'aider de ses conseils. De même, j'adresse mes plus vifs remerciements d'une part à M. Andrieux, bibliothécaire de la Ville, auteur lui-même d'une très intéressante notice historique sur le Collège et qui se mit à mon entière disposition pour me donner mille renseignements sur cette vieille maison où il professa tant d'années ; d'autre part à M. Bougras, secrétaire-archiviste de l'Hôpital, dont l'extrême obligeance me fut si précieuse dans mes recherches.

A tous merci ; merci de même aux amis, trop nombreux pour les citer, qui me donnèrent des avis pour la plupart bons à suivre. Comme je le disais plus haut, que tous veuillent bien trouver ici l'expression de ma sincère reconnaissance.

PREMIÈRE PARTIE

LE COLLÈGE

Depuis sa fondation jusqu'à la Révolution

1556-1789

CHAPITRE PREMIER

Fondation

Depuis plus de 350 ans qu'il existe, le Collège de Meaux a non seulement subi des changements considérables en passant par les diverses directions ecclésiastiques et laïques, mais il fut même, selon les époques, installé dans des locaux différents, en divers points de la ville.

A sa création en 1556, il occupait cependant son emplacement actuel. L'historique de ce terrain où s'élève notre Collège est d'ailleurs assez curieux.

Au douzième siècle, c'était le cimetière juif de Meaux. On sait quelle était à cette époque reculée la haine vouée aux juifs et en quelle servitude cette race malheureuse était réduite. Forcés de vivre chez les autres, parce que sans patrie, ils se tenaient à l'écart, craintifs, tremblants, se dissimulant dans l'ombre le plus possible, sachant bien qu'on leur imputait toutes les calamités et tous les

— 14 —

crimes. A Meaux, leur quartier occupait l'emplacement de l'actuelle rue Antoine-Carro et ses environs; aussi bien de nos jours encore, ce coin de la ville est communément désigné sous cette épithète : *la Juiverie.*

Plus tard, beaucoup plus tard, vers 1547, on établit sur l'emplacement de ce cimetière un de ces théâtres, comme il en existait un si grand nombre au moyen âge, où l'on jouait ce qu'on appelait *Les Mystères,* drames joyeux ou tristes, mais toujours naïfs, dont le but était d'édifier les masses et dont l'action était empruntée aux scènes du nouveau testament et particulièrement à la passion du Christ.

A ce propos, Rochard nous dit :

« Il se trouva aux dites représentations des habitants du dit Meaux qui fesoient fort bien leurs personnages et estoient tellement affectionnés qu'ils préféroient les exercices à leurs ouvrages ordinaires, dont plusieurs devinrent gueux. Et ce que l'on a remarqué de plus singulier, c'est que ceux qui fesoient les personnages de diables moururent fort pauvres ; celui qui joua Satan fut depuis lors pendu et celui qui représentoit le désespoir s'empoisonna lui-même. (1) »

Ainsi, s'il faut en croire notre vieil historien, assumer ces rôles n'était guère rassurant pour l'avenir. Aussi, et à cause de ces incidents, paraît-il, les représentations cessèrent et Jehan Guignon, couturier en drap, acquit le terrain, fit raser le théâtre et construire à sa place quel-

---

(1) Rochard. *Antiquités de la ville de Meaux.*
Claude Rochard, chirurgien en chef de l'Hôtel-Dieu de Meaux, mort en 1769 à 82 ans, est un des historiens de notre ville les plus consciencieux et les plus intéressants. Il reprit les mémoires de Lenfant et de Janvier et nous a laissé deux manuscrits précieux pour l'histoire de Meaux :
1° *Antiquités de la ville de Meaux,* 2 vol. in-4°. 2° *Histoire de la ville de Meaux,* 7 vol. g⁴ in-4°. La bibliothèque municipale possède le premier ouvrage et seulement les tomes I et VII du second.

ques maisons. Plusieurs années passèrent de la sorte et en 1556, Jehan Guignon vendit sa propriété à la ville de Meaux qui désirait y édifier un collège. (1)

L'initiative de cette intéressante fondation fut prise par l'évêque de Meaux Louis III Brezé. (2) Le prélat supprima du consentement de son chapitre une des prébendes de son église, dont le revenu (environ 1.200 l.) fut spécialement affecté à la personne d'un *précepteur* chargé d'enseigner gratuitement les belles lettres à la jeunesse, jusqu'en philosophie exclusivement. Cette prébende, dont nous aurons souvent l'occasion de reparler, fut dénommée « prébende préceptoriale »; de son côté, la ville attribua à son collège une pension de cent livres, prélevées sur ses deniers d'octroi (année 1556).

Pour installer les classes et loger le précepteur ou principal (3) ainsi que les professeurs qui devaient l'assister, deux petits bâtiments d'assez médiocre apparence, situés en bordure de la rue Poitevine (4) furent loués par les maire et échevins de la ville; le premier de ces bâtiments appartenait aux grands chapelains de la cathédrale, l'autre à l'Hôtel-Dieu de Meaux.

« Le Collège de Meaux a donc été établi quatre ans avant l'ordonnance d'Orléans, par l'évêque de Meaux, du consentement de son chapitre, il en est donc le premier fondateur et ses successeurs en ont seuls été, depuis, les seconds fondateurs, les restaurateurs et les bienfaiteurs. (5)

En effet le collège, fondé dans la plus grande partie grâce à la générosité épiscopale, les cent livres de la

---

(1) Andrieux : *Notice historique sur le Collège*.
(2) Louis III de Brezé, évêque de Meaux de 1554 à 1564, puis de 1570 à 1589.
(3) Le premier principal du Collège se nommait Pierre de Boyata.
(4) Aujourd'hui rue des Ursulines.
(5) Mémoire anonyme sur le Collège de Meaux : manuscrit. Archives hôpital Jehan Roze. IV-E. G.

ville ne pouvant être considérées que comme une participation à la fondation, le collège, dis-je, devait jusqu'à la Révolution vivre presque exclusivement sur les fonds ecclésiastiques.

Telle fut l'origine du Collège de Meaux. Qu'il y a loin de l'établissement du seizième siècle à notre bel établissement d'aujourd'hui. Cependant si le cadre actuel est différent du cadre primitif, la pensée aux affinités profondes ne crée pas, quant au fond, de dissemblances entre eux. C'est là, à cette même place où nos jeunes collégiens travaillent et pensent, que leurs lointains prédécesseurs ont aussi travaillé et pensé ; c'est sous ce même coin de ciel que les jeunes intelligences d'hier se sont écloses comme s'y éclosent les jeunes intelligences d'aujourd'hui. Il y a de la douceur à songer que tant d'esprits formés en ce lieu, au cours des siècles, se sont dispersés de par le monde pour y jeter à tous vents la semence féconde de la *Science* et de l'*Idée*. Certes, après avoir donné la mesure de leurs forces et de leurs talents tous ces hommes sont retournés à la terre, mais leurs efforts n'ont pas été stériles ; rien ne se perd dans le vaste domaine intellectuel, tout se transmet et ce que les ancêtres ont semé, les générations successives l'ont fidèlement recueilli.

CHAPITRE II

L'Hôpital Jean Rose converti en séminaire. — A la demande des habitants de Meaux, le Collège est uni au Séminaire. — Construction du couvent des Ursulines de Meaux. — Le Séminaire. — Le Collège. — La direction générale des études est confiée par Mgr de Ligny aux chanoines réguliers de l'ordre de Saint-Augustin.

Pour l'intelligence des faits qui vont suivre, il nous faut remonter maintenant à près de trois siècles en arrière.

En 1356, un riche bourgeois de Meaux, Jehan Rose, « cédant à la générosité de son cœur et pour remercier Dieu des faveurs qu'il lui avait accordées » (1), fondait sur un terrain qui lui était concédé par l'évêque de Meaux Philippe de Vitry « une place vague dite le Donjon » (2) — emplacement de l'extrémité actuelle de la rue Saint-Remy — un hôpital pour 25 pauvres aveugles des deux sexes et dix jeunes enfants qui devaient être non seulement entretenus et logés mais encore convenablement instruits. De plus, il joignait à sa fondation (3) que ratifia

---

(1) A. Carro. *Histoire de Meaux*.
(2) L'acte de donation de ce terrain par l'évêque de Meaux est daté de : « l'an 1356, le vendredy d'après la conception de la Bienheureuse Vierge Marie ». Philippe de Vitry fut évêque de Meaux de 1351 à 1361.
(3) Fondation de l'Etablissement : Vidimus par l'official de Meaux, le 21 décembre 1398, d'un autre vidimus du 11 avril 1357 par Guillaume Starse, prévôt de Paris, de l'acte de fondation passé sous le scel du dit sieur prévôt par Jean Rose l'aîné, clerc bourgeois de Meaux, d'un hôpital de pauvres aveugles en cette ville. « Et veult et ordonne le dit Jéhan Rose, fondeur (fondateur) qui audit vidimus de ses présentes, pleine foy soit adioustée comme à l'original. *Ville de Meaux Archives hospitalières. Hôpital Jehan Rose, IV,A,I.*
Cf. aussi sur cette fondation, Rochard, *Histoire de Meaux* tome I, pp. 485 à 493.

par sentence du 5 avril 1356 la prévôté de Paris, douze lits pour les indigents de passage. Deux religieux augustins assumaient l'administration de cet établissement.

C'était là une haute et belle œuvre humanitaire (1) d'autant plus digne de remarque en ce siècle où les riches ne songeaient pour assurer leur salut, qu'à doter les couvents et enrichir les églises, sans penser aux malheureux, oubliant semble-t-il la belle maxime de l'Homme de Nazareth : « Aimez-vous et soutenez-vous les uns les autres. »

Dans l'acte d'homologation de cette fondation, en date du 5 avril 1356, Jehan Rose stipulait que cette fondation serait « accomplie, tenue et gardée perpétuellement » ; en réalité les volontés du généreux bienfaiteur furent entièrement observées jusqu'au 30 octobre 1645, c'est-à-dire jusqu'au jour où l'évêque de Meaux, Mgr Séguier (2), rendit un décret par lequel il annonçait l'établissement d'un séminaire dans sa ville épiscopale.

Mgr Séguier, en effet, désireux de créer un séminaire par convenance personnelle d'abord et aussi parce que son titre de premier aumônier du roi l'incitait à

---

(1) Ce n'était point là d'ailleurs la seule bonne œuvre de ce philanthrope, de cet homme de bien dont la mémoire ne s'est peut-être pas assez perpétuée dans notre ville. Jehan Rose s'était enrichi dans le commerce des blés, mais cette richesse était justement et dignement acquise. Comme sa situation de fortune lui permettait de brasser de grosses entreprises, il achetait aux époques de baisse des quantités considérables de blé, mais toujours un peu plus cher que le cours, afin de ne pas abuser de la misère occasionnée par la surproduction et de même quand la cote montait, il vendait, mais en ayant soin cette fois de vendre un peu moins cher que le cours. « De cette façon il avait acquis à la fois considération et richesse. »

(2) Dominique Séguier, évêque de Meaux de 1637 à 1659. Né à Paris en 1593, chanoine de Notre Dame puis conseiller au parlement en 1616, doyen de Notre Dame en 1623, aumônier du roi avec le titre d'archevêque de Corinthe *in partibus*, il fut nommé évêque d'Auxerre le 6 octobre 1631 puis transféré à Meaux au mois d'août 1637. En sa qualité de premier aumônier ce fut lui qui ondoya Louis XIV et assista Louis XIII à ses derniers moments.

un certain zèle, jeta bien vite son dévolu sur l'hôpital Jean Rose.

Or le prélat ne manquait ni de bon sens ni d'habileté. Il comprit qu'un envahissement soudain et brutal de cet établissement ne servirait guère sa politique et ne pouvait au contraire que jeter l'équivoque sur son rôle spirituel, tout entier de douceur et conciliation. Il s'assura tout d'abord l'agrément de la municipalité (1), puis le désistement du dernier administrateur de l'hôpital, le frère Antoine Guillemain, en le prenant par la cupidité (2). Cependant si Mgr Séguier s'empara des locaux de l'hôpital, il tint à en respecter toutes les traditions.

Voici à ce sujet l'extrait de son ordonnance :

« Nous, évèque sus dit..... étably et établissons dans le dit hôpital Jehan Rose un séminaire de prestres et clercs pour instruire les autres prêtres et ecclésiastiques nécessaires à notre Diocèse.

.... A la charge par les dits du séminaire d'entretenir et acquitter à toujours, toutes et chacune, les anciennes charges et fondations du dit hôpital et notamment..... le logement, nourriture et entretien des dix pauvres enfans et logement et distributions accoutumées aux 25 pauvres aveugles et anciens et entretenement des douze lits pour les pauvres passants. »

---

(1) « Acte d'assemblée des officiers gouverneurs et bourgeois de Meaux fait en la chambre commune d'icelle pardevant le président, lieutenant général au bailiage et siège présidial du dit lieu, le premier aoust, en suivant lequel les dits officiers et habitants auroient en tant qu'eux consenti l'establissement du séminaire des prestres et clers en ladite maison et hôpital Jean Rose. »

(2) « Et pour pourvoir à la nourriture et entretien du dit frère Guillemain..... lui avons ordonné et assigné par forme de pension viagère la jouissance d'une maison seize en cette ville de Meaux, rue Saint-Remy et une autre maison, jardin, terres et rentes seize au village de Villenoy-lez-Meaux, le tout du revenu annuel. *Trois cent cinquante livres tournois* ou environ. » *Décret de fondation du séminaire 30 octobre 1645.*

Déjà les malades et aveugles avaient été transférés en raison de certaines incommodités dans une maison voisine ; quant aux jeunes enfants dits « enfants bleus » Mgr Séguier les prenait dans son séminaire.

Mgr Séguier ne détourna donc pas la fondation Jehan Rose à son profit, les prescriptions en furent toujours soigneusement observées, mais il en prenait à la charge de son séminaire toutes les obligations comme tous les biens. Le décret de création du séminaire est daté, comme nous l'avons dit déjà, du 30 octobre 1645 ; Mgr Séguier l'installa le lendemain, comme l'atteste un procès-verbal d'installation et de prise de possession des biens, rentes, revenus de l'hôpital Jehan Rose par le supérieur et par les prêtres chargés de la direction du séminaire daté « du dernier d'octobre, mardy de l'année 1645 ».

Mais nos lecteurs se demandent sans doute si nous écrivons l'histoire du Collège ou bien celle du séminaire ; qu'ils se rassurent, ils vont d'ailleurs comprendre tout de suite la nécessité de cette longue digression.

Le 7 août 1646, les échevins et les notables habitants de Meaux firent une requête (1) à Mgr Séguier, lui demandant de : « vouloir incorporer la prébende dite préceptoriale au séminaire par lui nouvellement étably » à la charge de réunir audit séminaire le collège qui était à peu près abandonné. « En effet, par défaut de revenu suffisant pour mettre le précepteur en état d'avoir des maistres habiles ou en nombre suffisant, le collège devint bientôt désert et *inutile*, en sorte que les habitants estoient obligés d'envoyer leurs enfants, pour leur donner de l'éducation, en lieux éloignés, avec grande peine et

---

(1) Voir le texte complet de cette requête aux pièces justificatives.

const. (1) » Le prélat devait s'engager à faire instruire gratuitement, par les prêtres de son séminaire, les jeunes enfants de la ville, en vertu de quoi les échevins, indépendamment de l'abandon de la prébende, lui continuaient la rente des cent livres tournois qu'ils payaient précédemment au principal du Collège. Mgr Séguier n'eut garde de refuser cette offre qui comblait ses vœux par cela même qu'elle plaçait sous la juridiction épiscopale un établissement civil, et par sentence du 1er janvier 1647, le prélat « *pour donner aux habitants les moyens de satisfaire à la vocation scholastique et ecclésiastique de leurs enfants* » unit au nouveau séminaire le Collège, qui, de ce fait, fut transféré dans les locaux de l'ancien hôpital Jehan Rose.

Le décret du 30 octobre 1645 fut enregistré au greffe du baillage de Meaux sur l'ordre de Isaac Leber, seigneur des Fossés, président et lieutenant général du baillage et siège présidial, le 18 décembre 1645 et revêtu en novembre 1647, ainsi que l'ordonnance relative à l'union du collège, de lettres patentes qui furent enregistrées au Parlement de Paris le 18 mai 1654.

Me Pecquet, dernier principal du Collège, se vit contraint d'abandonner la direction des études, l'établissement du fait de sa transformation se trouvant sous l'autorité du supérieur du séminaire, qui était alors un prêtre du diocèse de Sens, docteur en théologie, M. Jac-

---

(1) Mémoire anonyme sur le Collège : déjà cité.
Pourtant la situation du Collège n'avait pas toujours été aussi critique. Nous avons trouvé aux archives de l'hôpital Jehan Rose (IV-E-G.) un manuscrit, extrèmement curieux, daté du lundy 11 décembre 1600 et relatant la nomination d'un principal au Collège de Meaux. Or il fallait que ce fut un bien bel établissement si l'on en juge par l'importance que l'on attachait au choix du principal — Maître Jean Pecquet, régent au Collège de Navarre — et la solennité qu'on apportait à son installation.

ques de Polangis, nommé précédemment par Mgr Séguier. (1)

Cependant le séminaire et le collège, bien que réunis dans les mêmes bâtiments, restaient deux établissements distincts; le premier occupait la partie Ouest, compris la chapelle, le second la partie Est, tout en possédant son entrée particulière.

Mgr Séguier voulut rendre à cette maison qui tombait faute de capitaux, son ancienne prospérité. Il y appela des régents instruits et autorisés qui furent eux-mêmes domiciliés au collège. Les élèves ne tardèrent pas à affluer et la première conséquence de cette prospérité fut une grosse dépense. Souvenons-nous que l'instruction était gratuite et que les revenus propres du Collège ne comprenaient guère que le revenu de la prébende préceptoriale et les cent livres de la ville. Comme les dépenses excédaient les recettes dans une proportion considérable, Mgr Séguier, décidé aux plus grands sacrifices pour assurer la vitalité du collège, chargea le séminaire de toutes les réparations des classes et du supplément nécessaire à payer pour la nourriture, l'entretien et les honoraires des Régents. (2)

Mgr Séguier fut donc le restaurateur et on pourrait presque dire le second fondateur du collège. Les classes furent ouvertes non seulement aux enfants de la ville mais encore à ceux de tout le diocèse; c'est dire avec quel intérêt et quelle avidité elles furent suivies. Le collège devint donc rapidement un établissement de plein exercice; nous insistons tout particulièrement sur ce point pour bien faire comprendre qu'il formait une

---

(1) « Et pour commencer l'établissement du séminaire, avons par ces mesures présentes nommé la personne de Jacques de Polangis prêtre du diocèse de Sens, docteur en théologie, chanoine en notre église cathédrale, pour supérieur. » *Décret cité du 30 octobre 1645.*

(2) *Régents* : professeurs.

agglomération ayant sa vie propre et, quoique sous une même direction, bien différente du séminaire.

Le 24 avril 1648, la Municipalité, par acte passé devant Me Charpentier, notaire à Meaux, céda aux religieuses Ursulines le terrain et les deux maisons alors inoccupées qui avaient été primitivement le Collège. L'initiative de cette pieuse fondation fut prise par Hélène Boullé, veuve de Samuel de Champlain, l'illustre navigateur et colonisateur du Canada, qui prit d'ailleurs le voile cinq mois plus tard dans cette même maison. Mgr Séguier acceptait l'établissement de cette communauté à la condition qu'elle relèverait de sa juridiction et que les religieuses enseigneraient *gratuitement* jeunes filles riches et pauvres sans distinction. Ainsi nous pouvons constater que le zèle de Mgr Séguier, en matière d'éducation, s'étendait indifféremment aux deux sexes et faire ensuite cette curieuse remarque, qu'au point de vue des études, ce couvent des Ursulines était vraiment prédestiné, puisqu'il devait avant de constituer notre Collège, abriter en quelque sorte un Collège de filles. Les travaux d'édification du monastère commencèrent aussitôt ; quelques vestiges et notamment le cloître, sur lequel s'ouvrent aujourd'hui les études et les hautes classes de notre Collège, en subsistent encore. Les deux maisons disparurent. « Quand on creusa les fondations — dit Rochard — on découvrit dans ce terrain nombre de sépultures de juifs. » Nous n'avons pas oublié, en effet, que c'était là l'emplacement de l'ancienne nécropole juive du douzième siècle.

Quelques années passèrent ainsi, la fondation Jehan Rose, le Séminaire et le Collège étant administrés à la fois par les prêtres séculiers.

En 1659, le 16 mai, Dominique de Ligny (1), neveu et

---

(1) Dominique de Ligny, né en 1619, fut d'abord grand maître des

coadjuteur de Mgr Séguier, qui venait de mourir à Paris, lui succéda sur le trône épiscopal de Meaux.

Mgr de Ligny jugea bientôt que le Séminaire-Collège serait administré d'une façon plus éclairée par des religieux que par des prêtres séculiers. C'est pourquoi il fit, le 16 décembre 1661, un concordat avec l'abbé de Sainte-Geneviève, de Paris, François Blanchard, supérieur général de la Congrégation des chanoines réguliers de Saint-Augustin.

Aux termes de ce concordat (1), il fut convenu « attendu l'union qui a esté faite du Collège de la ville de Meaux au séminaire dudit Meaux » que les chanoines réguliers se chargeaient d'instruire ou de faire instruire la jeunesse gratuitement. En revanche ils jouiraient du revenu de la prébende préceptoriale aussi bien que des cent livres de la ville, affectées, comme nous le savons, à l'instruction de la jeunesse du Collège.

Le 22 décembre, Mgr de Ligny rendit un décret portant confirmation de ce concordat, et le lendemain 23, les huit religieux donnés par l'abbé de Sainte-Geneviève prirent possession du Séminaire-Collège. Le Chapitre de la cathédrale et la municipalité de Meaux ratifièrent la décision épiscopale les 1er et 8 janvier 1663.

Quant aux prêtres séculiers, appelés par Mgr Séguier, ils étaient purement et simplement congédiés.

---

caux et forêts. Ordonné prêtre il devint chanoine de Notre-Dame de Paris et prieur de Saint-Pierre de Pontoise. Il fut nommé le 13 août 1657 chanoine de Meaux et quelques jours plus tard doyen du Chapitre. L'année suivante le roi le nomma coadjuteur de M. Séguier et il fut sacré le 3 mai 1659 évêque de Philadelphie, puis devint évêque de Meaux, par la mort de son oncle. Il était, assure-t-on, très généreux. Il remania de fond en comble la maison de campagne des évêques de Meaux à Germigny (d'où Germigny-l'Evêque). Il aurait dépensé dans cette entreprise plus de 50,000 écus (!) Philippe de Castille, dont on remarque la statue dans la cathédrale, était son cousin.

(1) Voir le texte de ce concordat aux pièces justificatives.

CHAPITRE III

Le Collège sous l'épiscopat du cardinal de Bissy

Dominique de Ligny mourut le 27 avril 1681. Le 2 mai, c'est-à-dire six jours plus tard seulement, le roi pour récompenser Bossuet, précepteur de son fils, le nommait évêque de Meaux. Bien que le grand évêque n'ait joué aucun rôle dans l'histoire de notre Collège et qu'il se soit contenté d'en surveiller l'administration, je ne veux point passer sur cette belle et noble figure sans tout au moins la nommer.

Bossuet demeure, malgré les siècles, comme l'homme illustre de notre cité et sa gloire impérissable suffit à la nimber d'un rayonnement. Sa parole profonde et surhumaine retentissait de l'Orient à l'Occident et faisait trembler les rois; sa plume exprimait en un langage sublime les plus hautes pensées, ses yeux plongeaient dans l'ombre des cloîtres, accusateurs et impitoyables pour les fautes commises ; l'intolérance le trouva debout aux persécutions jansénistes. Quand on songe à la modeste origine de cet homme, à ce qu'il devint en une époque où il était si difficile, sinon impossible, d'arriver sans nom, on demeure rêveur et troublé. Oui Bossuet fut bien l'aigle qui plane vainqueur et superbe et il s'est si profondément identifié à cette ville de Meaux, où il dort maintenant son dernier sommeil, que son nom en est aujourd'hui inséparable et que la simple idée de Meaux évoque immédiatement son souvenir glorieux.

Bossuet, « *l'homme que Dieu fit maître de la parole pour*

instruire et toucher les hommes » (1) déploya à Meaux une activité d'apôtre. Nommé le 2 mai 1681, il prit possession le 8 février 1682 et « dès le mercredi suivant, jour des Cendres, prêchant dans sa cathédrale, il dit qu'il se destinait tout à son troupeau (2) ». En effet, il prêche pour ses fidèles d'abord, dans les synodes annuels de son clergé, au *séminaire-collège*, dans les églises de campagne « allant, nous dit l'abbé Le Dieu, son secrétaire, d'une paroisse à l'autre, l'évangile à la main (3) ». Bossuet, hardi réformateur des mœurs religieuses, prenait souvent la parole dans les monastères de son diocèse et particulièrement au couvent des Ursulines de Meaux, élevé comme on sait sur l'emplacement du Collège primitif ; il y fit en février 1686 la fameuse instruction « *sur le silence* ». L'abbé Lebarq (4) évalue à plus de 300 les sermons ou instructions qu'il prononça durant les 22 ans de son épiscopat à Meaux ; c'était là un titre pour ce nom glorieux de *Dernier des Pères de l'Eglise* que lui a adapté la postérité.

Bossuet mourut le 12 avril 1704 (5). Un mois plus tard, le 10 mai, M. de Bissy (6) lui succéda. « Si la ville de

(1) Nault. *Vérité catholique*, p. 156.
(2) L'abbé Le Dieu. *Mémoires sur la vie et les ouvrages de Bossuet*, p. 182.
(3) Le Dieu. *Mémoires*, ibid.
(4) L'Abbé Lebarq. *Histoire critique de la prédication de Bossuet*, p. 270.
(5) Il mourut de cette cruelle maladie de la pierre dont il avait ressenti les premières atteintes en 1701. Ce fut M. de Saint André, son grand vicaire, qui l'assista à ses derniers moments. « Mon Dieu, s'écria-t-il, quand le grand évêque eut rendu l'âme, mon Dieu, que de lumières éteintes et quel brillant flambeau de moins dans votre église ! »
(6) Henri de Thiard de Bissy, né le 25 mai 1657, docteur en Sorbonne en 1685, évêque de Toul en 1687, abbé des Trois fontaines en 1698 ; le roi Louis XIV le nomma le 10 mai 1704 évêque de Meaux. Très en faveur à la cour, il fut nommé en 1713 abbé commendataire de la riche abbaye de Saint-Germain des Prés ; il était en outre commandeur des ordres du roy et conseiller du roi en ses conseils. En 1715 Clément XI le créa cardinal. Il mourut à Paris en son palais abbatial le 26 juillet 1737.

Meaux n'eut plus pour prélat un grand homme, elle eut du moins un homme éminent en dignités. » (1)

Il nous faut maintenant descendre jusqu'en 1736 pour assister de nouveau au changement d'administration du Séminaire-Collège.

A quel motif imputer ce nouveau bouleversement ? Question de politique épiscopale, différends entre les chanoines et leur évêque? De graves dissentiments existaient en effet entre le cardinal et les religieux à propos de l'administration du séminaire et de l'hôpital Jehan Rose. Les moyens d'entente n'aboutissant pas, il s'ensuivit un violent procès qui se termina par un arrêt que le Conseil d'Etat rendit le 20 septembre 1736.

Cet arrêt portait que l'administration de la fondation Jehan Rose, en ce qui concernait les aveugles et malades, serait confiée aux chanoines réguliers de Chaâge dépendant de la congrégation de Sainte-Geneviève ; quant à l'autre partie de la fondation concernant les enfants pauvres, l'administration du séminaire se chargeait de pourvoir à leur nourriture, instruction et entretien et M. de Bissy obtenait l'autorisation de confier la gestion tant du séminaire que du collège, à tels prêtres réguliers ou séculiers qu'il jugerait à propos d'y établir. (2)

Le 27 mars 1737, les habitants de Meaux furent, selon la coutume, convoqués au son du tambour par ordonnance du lieutenant général du baillage de Meaux Louis Marquelet, chevalier et seigneur de la Noüe, pour exprimer, en vertu de l'article 9 de l'ordonnance d'Orléans, leur avis sur l'opportunité de confier la régie du collège aux prêtres du Saint-Esprit. Mgr de Bissy avait en effet choisi les prêtres du séminaire du Saint-Esprit et de

---

(1) Carro. *Histoire de Meaux*, p. 361.
(2) Cf. Arrêt du Conseil d'Etat du Roy (20 septembre 1736), qui confirme l'établissement du séminaire de Meaux dans l'hôpital de Jean Rose de la même ville.

l'Immaculée-Conception pour succéder aux chanoines de Saint-Augustin dans l'administration du séminaire collège. Les habitants, réunis en assemblée générale, conclurent « à la pluralité des voix à ce que le collège de la ditte ville soit uny à la communauté du Saint-Esprit, tant et si longuement que la ditte communauté demeurera étably en la maison de Jehan Rose. » (1) Le chapitre de la cathédrale ratifia le surlendemain la décision des habitants et des notables de la ville.

Le 10 avril 1737 un concordat fut alors passé par devant M^{es} Le Moine et Meunier, notaires à Paris, entre Mgr le cardinal de Bissy et Messire Louis Bouie, supérieur du séminaire du Saint-Esprit, tant pour la régie du séminaire que du collège. Aux termes de ce concordat, (2) les prêtres de cette communauté avaient l'entière administration des biens, revenus et charges du séminaire, du collège et aussi, en ce qui les concernait, de l'Hôpital Jehan Rose. Tous ces revenus devaient composer une masse sur laquelle seraient prises toutes les sommes nécessaires aux dépenses des deux établissements. En ce qui concernait spécialement le collège, les prêtres du Saint-Esprit s'engageaient à y entretenir « trois régents idoines et capables de bonne vie et mœurs pour enseigner gratuitement la jeunesse dans les humanités depuis les premières basses classes jusqu'à la rhétorique inclusivement. » Ils bénéficiaient en retour du revenu de la prébende préceptoriale et des cent livres de la ville.

Nous ne saurions passer sous silence l'importante donation faite le 2 avril 1735 par Mgr de Bissy. Par contrat passé à cette date devant Me Meunier, notaire à Paris, le cardinal donnait notamment 7.525 livres de

---

(1) Cf. aux pièces justificatives pour le texte de cette délibération.
(2) Voir aux pièces justificatives les articles de ce concordat relatifs à l'administration du collège.

rente pour les églises du diocèse, 2.400 livres de rente au séminaire de Meaux dont 2.000 livres pour la création de dix nouvelles bourses d'enfants et 400 livres pour la fondation d'une chaire de philosophie au séminaire-collège.

Voici d'ailleurs comment s'exprime le cardinal dans son acte de donation : « Au séminaire de Meaux, la somme de deux mille quatre cens livres sçavoir : Quatre cens livres pour l'entretien d'un régent de philosophie qui l'enseignera dans Meaux, gratuitement dans le cours d'une année, lequel régent sera nommé par la congrégation à laquelle la direction du séminaire sera confiée ou par son Eminence et ses successeurs audit Evesché si ce séminaire n'est annexé à aucune congrégation.

« Et les deux mille livres restant pour loger, nourrir et entretenir tant en santé que maladie dix enfans de la même manière que le sont actuellement les enfans appelés communément enfans bleus fondés par feu Jehan Roze, à la réserve qu'ils ne seront point tenus de l'assistance à l'office divin ordonné par la fondation du dit Jehan Roze.

« Le choix de ces enfans appartiendra à Son Eminence et à ses successeurs évesques de Meaux. Ils seront pris des villes du diocèse et du plat pays et non des ville, marché et faubourg de Meaux, attendu la commodité que les habitants de la ditte ville ont d'envoyer leurs enfans au collège et de les faire instruire sans dépense. Ne pourront être lesdits enfans nommez qu'après avoir reçu la tonsure et estres capables d'entrer en la classe appelée communément la troisième.

« Ce qui sera pareillement observé pour ceux de la fondation Jehan Rose voulant Son Eminence que cette condition, tant pour ceux de sa fondation que pour ceux de l'ancienne, soit essentielle à la présente Donnation afin de former par ce moyen un petit séminaire qui puisse fournir des ecclésiastiques au diocèze qui en a un extrême besoin. » (1) »

Ces enfants devaient être choisis parmi ceux « qui paraîtront y avoir de la disposition et dont les parents peu accomodez ne seroient pas en état d'en soutenir les frais. » Les bourses, toutes à la nomination de l'évêque, comme nous l'avons vu, étaient attribuées par voie de concours dès la reprise des travaux scolaires. Les deux mille livres fixées par Mgr de Bissy pour assumer cette charge devinrent bientôt insuffisantes ; pour compléter la fondation, il y ajouta une autre donation de 300 livres.

Comme on le voit, Mgr de Bissy était loin de se désintéresser de la question *enseignement*. Il restaure le Collège, y apporte d'importantes modifications, complète les programmes, fonde de nouvelles bourses, afin, tout en créant un petit séminaire, de permettre aux jeunes gens pauvres, mais intelligents, d'acquérir les connaissances réservées à la fortune. De même, l'instruction populaire, si rudimentaire à cette époque, le préoccupe vivement. « Il avait été informé que dans plusieurs paroisses très considérables il n'y avait point de maîtresse d'école pour instruire les jeunes filles séparément des garçons, ce qui est d'une grande importance pour maintenir la pureté des mœurs (2). »

Il fait aussitôt des dons très importants pour l'entretien de maîtres et maîtresses d'école ; d'autre part, il accueille à Meaux les frères des écoles chrétiennes (fondation de l'abbé de la Salle), leur donne un établissement et 1200 livres de rente pour permettre à cette œuvre de porter ses fruits.

On a reproché à Mgr de Bissy un certain orgueil que

---

(1) Arch. hospit. Jehan Rose. IV-B-11.
(2) Acte de donation 1735. Passim.

légitimaient dans une bonne part sa haute intellectualité et l'éclat de son rang. Sans être un pur génie comme Bossuet, il n'y a eu qu'un Bossuet, Mgr de Bissy fut un de nos plus grands évêques; mais parmi tous les actes de son épiscopat, cette attention constante et éclairée pour tout ce qui est enseignement, est peut-être le plus noble, celui qui permettra de marquer, dans l'histoire du Collège de Meaux, son souvenir, comme celui d'un homme de bien.

CHAPITRE IV

Le Collège de 1740 à 1789

Les diverses transformations apportées par Mgr de Bissy dans l'organisation du Collège ne pouvaient que lui donner un nouvel essor. Plus que jamais ce fut un Collège de plein exercice puisqu'on y enseignait désormais depuis les rudiments jusqu'à la philosophie inclusivement.

Le nombre des régents fixé, comme nous l'avons vu, à trois par le concordat de 1737, fut bientôt élevé à quatre, répartis de la façon suivante :

Le premier enseignait depuis les rudiments jusqu'à la cinquième inclusivement ;

Le second s'occupait de la quatrième et de la troisième ;

Le troisième de la seconde et de la rhétorique ;

Le dernier, enfin, devait, dans le cours de deux années, enseigner les quatre parties de la philosophie.

Ces quatre régents étaient logés, entretenus et nourris, tant en santé que maladie, aux frais du séminaire, qui leur payait en outre cent pistoles (1) par an pour leurs honoraires.

Le Collège, nous l'avons vu dans le chapitre précédent, était régi par les prêtres de la communauté du Saint-Esprit, si bien que le supérieur du séminaire était en même temps principal du Collège. Les régents étaient placés sous son autorité, mais, par contre, lui-même, tant en qualité de supérieur du séminaire que de principal du Collège, dépendait de l'évêque, fondateur du Collège

---

(1) La pistole valait 10 francs.

et supérieur majeur du séminaire. En un mot, les prêtres du Saint-Esprit ne régissaient les deux établissements que sous la dépendance de l'évêque qui, d'ailleurs, nommait lui-même, sur présentation du supérieur-général de la communauté, les principal, supérieur, professeurs du séminaire et régents du Collège selon les besoins.

Le Collège se nomme « Collège de Meaux » mais la ville semble participer bien peu à son administration. Il est vrai que depuis 1646, elle a à peu près abandonné à l'autorité épiscopale toute initiative en ce sens. Pourtant elle n'est pas tout à fait destituée de ses droits et nous voyons à cette époque où le Collège, uni au séminaire, en tire la plus grosse part de sa vitalité, que « les maire et échevins, n'ayant aucune part à l'administration du Collège, ont cependant le droit de faire à Mgr l'Evêque toutes représentations sur l'enseignement et la conduite du principal et des régents, ce qui suffit pour maintenir l'ordre (1). »

L'établissement étant dirigé par des prêtres, nous ne saurions nous étonner de voir le spirituel entrer pour une certaine part dans son activité ; néanmoins les études y sont activement poussées. Pour définir l'organisation intérieure du collège à cette époque, je ne saurais d'ailleurs mieux faire que de reproduire ici un passage du *Mémoire anonyme manuscrit sur le collège*, plusieurs fois cité sous ma plume déjà et qui fut écrit probablement dans les dernières années de l'épiscopat de Mgr de Caussade, c'est-à-dire vers 1775-1780. (2)

« 1° Pour le spirituel, tous les ans on donne une retraite aux écoliers ; on les oblige à se confesser tous les mois ;

---

(1) Mémoire anonyme sur le Collège, p. 6.
(2) Jean Louis de la Marthonie de la Caussade, évêque de Meaux de 1757 à 1779.

mais ils choisissent leurs confesseurs parmi tous ceux de la ville et des faubourgs ....on leur dit tous les jours la Sainte Messe et le préfet des études et un des régents s'y trouvent pour y veiller les écoliers ; on leur fait toutes les semaines le catéchisme. Dans les prières publiques on y prie (au collège) pour le Roy, la famille Royale, et pour toutes les personnes constituées en dignité dans l'Eglise et dans l'Etat ; enfin on oblige les écoliers d'avoir des heures de prières avec défense de lire que les livres approuvés par les régents.

« 2° Pour les Etudes, les livres classiques sont les mêmes que dans l'Université. Il y a deux classes par jour et, outre les dimanches, un jour de congé par semaine ; deux examens tous les ans, à Pasques et à la fin des classes ; des thèses publiques de philosophie tous les ans, des exercices sur les auteurs et de même des tragédies et comédies à la fin desquelles M. l'Evêque, pour inspirer l'émulation, distribue luy même les prix qu'il donne de ses deniers ainsy que le chapitre et le corps de ville. Les classes sont fortes parce que les Régents sont habiles et appliqués. En un mot on n'y néglige rien pour donner aux enfants une éducation bonne et solide pour la science et pour la piété. »

La population du collège de 1740 à 1789 excéda rarement 130 unités bien qu'il y eût cependant de la place pour environ 200 élèves. Il existait alors à Meaux plusieurs pensions civiles et, nous dit l'historiographe anonyme du collège, « les maistres de pension retiennent chez eux, contre toute règle, une très grande partie de leurs pensionnaires.

Cependant, tel qu'il était, le Collège de Meaux rendait de très grands services à la ville et au diocèse : à la ville en ce sens que beaucoup d'enfants méritants, mais dont les parents peu fortunés ne pouvaient payer pour eux de grosses pensions à Paris ou ailleurs, trouvaient au collège un appui moral en même temps que de grandes espérances pour l'avenir ; au diocèse, parce qu'il se trouvait au collège bien des jeunes gens qui, séduits par la discipline toute monastique qui y régnait ou poussés par une secrète vocation, n'attendaient que l'âge nécessaire pour entrer au séminaire. En un mot, sans être une pépinière d'ecclésiastiques, le collège donnait à l'évêque la possibilité de compter sur son activité pour apporter au séminaire un concours précieux.

Ainsi nous assistons à un fait extrêmement curieux. Le collège, comme nous l'avons vu, puise sa vitalité dans le séminaire qui solde la plus grosse partie de ses dépenses, la ville ne pouvant alors se charger de la régie d'un établissement dont les charges étaient considérables en raison de la pénurie des revenus ; d'autre part, ce même collège donne au séminaire une facilité d'assimilation plus grande, contribue à son extension, lui rend en quelque sorte un peu du souffle vital qui lui fut donné.

A un point de vue différent, nous assistons à une manifestation intellectuelle vraiment belle. Nous voyons à cette époque où le nom et la fortune permettaient toutes les ambitions et toutes les joies tandis que le défaut de race et la pauvreté ne donnaient droit pour ainsi dire à rien, nous voyons, dis-je, le collège de Meaux, c'est-à-dire l'enseignement secondaire, réservé seulement aux privilégiés, ouvert, sans distinction de caste, à toutes les activités.

M. Séguier et M. de Bissy avaient en quelque sorte devancé les principes égalitaires que notre grande Révolution devait, peu d'années plus tard, opposer en matière d'éducation à l'injustice ancestrale. Il était excellent de créer ou plutôt de restaurer un collège ; mais en ouvrant ce collège à tous, ces deux prélats obéissaient à des règles de conscience jusqu'alors singulièrement inobservées. C'est là surtout que leur œuvre est belle. Peu nous importe qu'ils aient vécu en un siècle très différent du nôtre par les sentiments et les aspirations. Nous devons leur rendre hommage, comme nous rendrons hommage aux hommes de la Révolution, comme nous rendrons hommage à Napoléon, le créateur de l'Université, le réformateur de l'enseignement ; tout cela en vertu d'une impartialité qui doit nous élever dans nos jugements plus haut que les hommes, au point où nous ne voyons plus que les Idées.

DEUXIÈME PARTIE

LE COLLÈGE

de 1789 à nos jours

CHAPITRE PREMIER

Révolution

1789 ! La grande rafale révolutionnaire surgit et submerge la France entière. Meaux qui, deux ans plus tard, assistera à la honte du roi de France ramené captif dans son royaume (1), et qui verra se renouveler dans ses murs les massacres de septembre, Meaux n'est pas épargné par la première éruption du grand volcan. Voyons à cette époque troublée ce que devient le Séminaire-Collège.

Le séminaire est bientôt licencié et le bâtiment décrété comme propriété nationale restera jusqu'à l'an xi (1803) à la disposition du ministre de la guerre. La même mesure atteint le couvent des Ursulines de la rue Poitevine, construit comme nous le savons sur l'emplacement du Collège primitif. A sa laïcisation il y avait dans ce monastère 23 religieuses de chœur et 8 converses. Les

---

(1) Louis XVI passa avec sa famille, au retour de la fuite de Varennes, la nuit du 24 au 25 juin 1791, à Meaux ; des appartements lui avaient été réservés à l'Evêché.

religieuses parties, le couvent fut converti en manutention.

Quant au Collège proprement dit, épargné par la tourmente, il continue à subsister, tout seul désormais (1), un peu comme un homme qui serait amputé du bras droit : c'est-à-dire non pas sans une certaine répercussion sur l'organisme.

Toutefois les cours se poursuivent encore pendant quelque temps. Mais le 11 juillet 1792, l'Assemblée Législative déclare la Patrie en danger ; d'heure en heure le canon tonne en signe d'alarme ; les volontaires affluent de partout, hommes, vieillards, adolescents, tous viennent aux mairies avec enthousiasme s'inscrire pour les armées. C'est une des heures de patriotisme les plus sublimes de notre histoire, heure admirable et qui suffit pour rendre à jamais immortelle et glorieuse notre grande Révolution. « De toutes parts, on court aux armes, tout ce qui était en état de supporter la fatigue se porta dans les camps, chacun abandonna ses études, sa profession, le patriotisme suppléa à tout (2). »

Les professeurs et les étudiants du Collège de Meaux ne furent pas indignes de leur qualité de français. Tous ceux qui étaient en état de porter les armes partirent ; maîtres et élèves unis par ce grand amour de la Patrie quittaient leurs études, oubliaient l'œuvre entreprise et ne songeaient plus qu'à bien mourir pour la bien défendre.

Plus de professeurs, plus d'élèves, il semble bien que nous assistons à la fin de l'histoire du Collège dont ce généreux mouvement patriotique serait l'épilogue.

---

(1) Nous avons dit que le Collège, bien qu'uni au Séminaire comme administration, formait un établissement distinct.
(2) Gouvion Saint-Cyr.

Il n'en est rien. Tandis que la Nation faisait face aux puissances alliées, trois établissements d'éducation se fondaient à Meaux ; le premier dirigé par M. Jean Foucault, rue des Lombards (1), le deuxième par M. Raoult, rue Hattingais, et le troisième par M. Pihet, rue des Halles (2). La pension secondaire créée par M. Pihet recueillit une bonne partie des jeunes élèves du Collège et ne tarda pas à prendre sur ses rivales une importance qui ne fit que s'accentuer, à un tel point qu'en l'an XII, le contingent se mesurait par 120 pensionnaires et 16 externes que dirigeaient 14 professeurs. Il naquit, de ce fait, entre les pensions Pihet et Raoult (3) une animosité qui ne tarda pas à porter ses fruits. Les élèves ne manquaient pas d'épouser la mésintelligence qui régnait entre les deux directeurs. Il en résultait à chaque sortie où les jeunes gens des deux pensions se rencontraient, des querelles si fréquentes que le maire de Meaux (4), pour faire cesser le scandale, dut prendre un arrêté aux termes duquel un lieu de récréation, bien distinct, était assigné à chaque pension. Quant à l'établissement Foucault, le moins important des trois, mais non le moins sage, on y travaillait sans jalousie. A la fin de l'année scolaire, une manière de jury répartissait les récompenses entre les trois établissements, suivant la valeur des compositions soumises à son examen.

Cependant, la Ville désirant rééditier son Collège jeta son dévolu sur les bâtiments du Séminaire converti, comme nous l'avons vu plus haut, en propriété nationale.

(1) Rue de l'Hôtel-de-Ville.
(2) Aujourd'hui rue Tronchon. Les halles se trouvaient encore à cette époque à l'extrémité de cette rue.
(3) La pension Raoult comptait alors 32 pensionnaires et 20 externes dirigés par 8 professeurs.
(4) Alors M. Veillet-Devaux.

En 1799 (an VII), sur les instances de la Municipalité, le ministre de l'Intérieur demanda à l'Etat de bien vouloir abandonner ce bâtiment à la Ville qui désirait y créer une école centrale (1). Les pourparlers s'engagèrent, mais le coup d'Etat du 18 brumaire survint et suspendit l'exécution du projet.

---

(1) Dans le système d'*Instruction Nationale*, décrété par la Convention, *les écoles centrales*, créées pour donner l'enseignement secondaire aux classes aisées menaient à l'étude des sciences et belles-lettres, des langues anciennes et vivantes, de l'histoire et de l'économie politique.

CHAPITRE II

Empire. — Restauration

Dès les premiers jours du Consulat, Bonaparte avait dit en parlant de l'Instruction Publique ; « *Il est impossible de rester plus longtemps comme on est.* » Il chargea donc Chaptal, alors ministre de l'Intérieur, de faire faire une enquête sur ce sujet. L'enseignement secondaire fut réorganisé par le décret du 7 floréal an X (1) (1er mai 1802) « cependant on laissait subsister les écoles secondaires subventionnées par les communes ou par les entreprises particulières. » (2)

M. Pihet dont l'établissement était, comme on le sait, très florissant, s'arma de cette loi pour demander au premier consul le local du séminaire toujours vacant, afin d'y installer son école secondaire. Bonaparte n'avait pas été sans entendre parler de la pension Pihet ; deux de ses plus brillants élèves lui avaient même été présentés à l'occasion d'un passage qu'il avait fait à Lizy-sur-

---

(1) Ce n'était là qu'une première ébauche. *L'Université* fut organisée par les décrets du 17 mars 1808 et du 15 novembre 1811. « Il sera formé sous le nom d'Université, un corps chargé exclusivement de l'enseignement et de l'éducation publique dans tout l'Empire. » M. de Fontane fut nommé grand maître de l'Université, le 17 mars 1808.

« Bonaparte se préoccupait de l'éducation de la jeunesse dont dépendait surtout l'avenir de la France. Pour l'instruction primaire, il fit peu et en cela il eut tort. Il n'établit des instituteurs que dans les communes assez riches pour les payer. A ses yeux, l'instruction secondaire importait davantage. Il supprima donc *les écoles centrales* et les remplaça par des établissements appelés d'un nom grec, *lycées* et chargés non seulement de l'instruction mais de l'éducation des enfants. » G. Ducoudray, *Histoire Générale*.

(2) Albert Milhaud, *Histoire moderne*.

Ourcq. Bref, par un décret du 25 germinal an XI (15 avril 1803) le bâtiment du ci-devant séminaire lui fut temporairement concédé.

Mais l'évêque de Meaux, Mgr de Barral, (1) fit à cette nouvelle de violentes protestations. Un mois plus tôt, le 27 ventôse an XI (18 mars 1803) un rapport du ministre des cultes avait amené une décision qui mettait provisoirement à la disposition de l'évêque de Meaux ces mêmes bâtiments afin d'y établir un séminaire. Seulement cette décision, l'évêque étant absent, n'avait pas été suivie d'exécution. M. Pihet profitant de cette absence se serait installé dans les bâtiments de l'ancien hôpital Jehan Rose qu'il aurait peu après, fort du décret du 25 germinal, entièrement accaparés. Le prélat, non soutenu par le conseil municipal, réclama en vain contre cette « usurpation ».

Le successeur de Mgr de Barral, M. de Faudoas (2),

---

(1) Louis Mathias de Barral, né à Grenoble le 20 avril 1746. Coadjuteur de l'évêque de Troyes, puis évêque de Troyes en 1790, non assermenté, passe en Angleterre dès 1793, adresse sa démission au pape lors du concordat. Nommé évêque de Meaux par arrêté consulaire du 19 germinal an X, archevêque de Tours en janvier 1805, sénateur en 1806, puis premier aumônier de l'impératrice Joséphine, son attachement pour Napoléon le fait presque suspecter lors de l'incarcération de Pie VII à Savone. Membre de la Chambre des pairs en 1814, il prononce l'oraison funèbre de Joséphine, puis aux cent jours, il fait partie de la nouvelle Chambre des pairs et célèbre la messe du champ de mai. La seconde restauration ne lui pardonne pas cette fidélité à l'Empire. Rayé de la Chambre des pairs, il adresse au roi en 1815 sa démission d'archevêque de Tours et meurt à Paris, en pleine disgrâce, le 6 juin 1816.

(2) Pierre Paul de Faudoas, fit ses études à Saint-Sulpice. Grand vicaire de l'évêque de Condom, il se retira en Espagne à la Révolution et ne rentra en France qu'en 1801. Nommé évêque de Meaux le 30 janvier 1805, il fit quelques mandements célèbres, notamment celui du 25 novembre 1807 sur l'administration générale du diocèse. Sa mauvaise santé ne lui permettant pas d'assumer complètement ses fonctions, il donna sa démission le 3 septembre 1819 et fut nommé chanoine du chapitre de Saint-Denis. Il mourut à Paris le 3 avril 1821.

n'eut de suite rien de plus à cœur que d'établir un grand et un petit séminaire. En novembre 1807, M. Camus, vicaire général, achète pour le compte du diocèse les restes de l'ancienne abbaye de Chaage, et dès le mois d'août 1808 les élèves y sont installés avec M. Fary comme directeur. (1)

En 1809, dans ses séances des 16 et 18 octobre, le conseil municipal de Meaux déclara la pension Pihet collège communal. La ville faisait un traité avec M. Pihet et demandait à l'État la concession définitive des bâtiments de l'ancien séminaire. Ce traité fut signé le 23 octobre ; le 26, M. Godart, sous-préfet, y joignait un rapport favorable.

Mais Mgr de Faudoas éleva de nouvelles réclamations. Il en naquit entre l'autorité civile et l'autorité religieuse un conflit auquel le gouvernement voulut mettre fin en envoyant, pour enquêter sur place, deux inspecteurs généraux de l'Université, MM. Baland et Ampère. Au contraire de ce qu'espérait la municipalité, alors très favorable à M. Pihet, leur rapport fut tout à l'avantage du prélat, si bien que, quelques jours plus tard, M. Pihet dut passer avec M. Camus, vicaire général, un second traité cette fois moins avantageux pour la ville. Ce traité ratifié par le ministre de l'Intérieur et des Cultes, fut annulé le 9 novembre 1810 par la section de l'Intérieur du Conseil d'État. Un nouveau rapport, fait en homologation de celui du 23 octobre 1809, fut dressé, adopté le 21 décembre et converti en décret le 26.

Le 9 avril 1811, un décret impérial restitue aux départements, arrondissements et communes la propriété des

---

(1) Le nombre des élèves augmentant, le grand séminaire fut, au mois d'octobre 1810, transféré à l'évêché. Il y resta jusqu'en 1816, lors de son installation définitive dans les bâtiments de l'ancien hôpital Jean Rose.

édifices dits « biens nationaux ». Par ce décret le séminaire fait donc retour à la ville ; c'est là la conclusion naturelle de toutes les rivalités écloses autour de ces vieux murs. Dès qu'il eut reçu notification de ce décret, le maire, M. Veillet-Devaux, n'eut plus qu'une pensée : rétablir le collège. Ce fut bien vite conclu et le nouvel établissement fut confié ce même mois d'avril 1811 à la direction d'un principal nommé par l'Université, M. Duprat.

Le véritable personnage lésé dans tout ceci fut encore M. Pihet. Le 12 octobre 1812, M. Veillet-Devaux lui fait signifier par ministère d'huissier de quitter dans les 24 heures le local qu'il occupe au ci devant séminaire, mais M. Pihet, pour diverses raisons, demande un délai qu'il obtient d'ailleurs et s'engage à quitter les bâtiments au 1er novembre.

Le 16 décembre 1812 eut lieu la première séance du Bureau d'administration, constitué par ordre du grand maître de l'Université de la façon suivante : M. Godart, sous-préfet de l'arrondissement de Meaux, président ; membres : M. le Maire de Meaux, M. Dassy, président du tribunal de commerce et M. Combet de la Reine, chanoine de la cathédrale, élu secrétaire à la séance suivante. (28 décembre 1812).

A la sixième séance du bureau d'administration, le 27 août 1813, un régent particulier fut assigné à chacune des classes ; ces classes se décomptèrent ainsi : Rhétorique — seconde — troisième — quatrième — cinquième — sixième — éléments et mathématiques (1).

(1) A la fin des cent jours le bureau d'administration fut réorganisé. Dans sa première séance, le 29 septembre 1815, il décida de réduire à six le nombre des professeurs, ainsi qu'il suit :

Il semble désormais que l'avenir du Collège soit définitivement assuré. Il ne devait pourtant pas en être ainsi ; une dernière secousse, plus violente que toutes les précédentes, devait éprouver l'administration de cet établissement soumis déjà à de si rudes épreuves.

Quatre ans se passèrent ; puis 1815 arriva. On connaît les évènements : chute de Napoléon, départ pour l'île d'Elbe, arrivée de Louis XVIII, enfin l'épopée sublime des cent jours, puis Waterloo et Sainte-Hélène. Dès le début de la seconde restauration, en 1816, alors que la puissance des Bourbons s'est définitivement affermie, Mgr de Faudoas, qui n'a pas oublié la décision avortée du 27 ventôse an XI et ses démêlés avec la municipalité en 1809, sollicite du roi Louis XVIII la restitution de l'ancien séminaire diocésain. C'est l'heure propice entre toutes pour une telle démarche ; le gouvernement, qui n'use plus des inutiles hypocrisies de 1815, est franchement dévoué au clergé.

La diplomatie de M. de Faudoas fut sans grands efforts couronnée de succès. En effet, le 16 octobre 1816, le roi Louis XVIII rend une ordonnance aux termes de laquelle :

1° La manutention des vivres militaires établie dans

Un seul professeur, M. Desforges, pour la rhétorique et seconde au traitement de	1.200 fr.
M. Bully, pour la troisième	1.100
M. Onizille, pour la quatrième	1.000
M. Cozette, pour la cinquième	1.000
M. Giboni, pour la sixième	1.000
M. Lanwerhelms, éléments et arithmétique	600
	5.900 fr.

Un traité intervint entre la municipalité et M. Duprat. Le principal était chargé du paiement de cette somme et de quelques autres frais ; en revanche la ville lui abandonnait sans réserve le droit d'enseignement à payer par les élèves internes et externes. Chacun y trouvait son compte et il n'incombait plus de la sorte à la ville que les frais de réparations locatives et d'examens.

l'ancien couvent des Ursulines de Meaux sera transférée au couvent de Noëfort.

2· L'ancien couvent des Ursulines de Meaux est affecté définitivement à l'établissement du Collège de la même ville.

3· Les bâtiments de l'ancien Séminaire-Collège, actuellement occupés par le Collège, sont affectés définitivement au Séminaire diocésain.

4· En attendant la mise en état des bâtiments de l'ancien couvent des Ursulines, le Collège sera placé provisoirement dans la maison dite de Chaage, maintenant occupée par le petit Séminaire. Au moyen de quoi les bâtiments du Séminaire-Collège seront évacués et remis à la disposition de l'évêque.

La décision royale fut rapidement exécutée. Le préfet du département avait chargé le sous préfet de l'arrondissement de donner les ordres *les plus positifs et les plus prompts* pour que les bâtiments du Séminaire fussent évacués et mis à la disposition de l'évêque pour le 15 novembre ; et ce même jour le clergé en grande pompe prit possession du Collège.

Or, s'il faut en croire certains témoignages dignes de foi, cette prise de possession n'aurait pas été pacifique. « Au grand scandale de toute la ville » professeurs et élèves auraient été ignominieusement chassés, meubles et papiers jetés par les fenêtres ou saccagés et les appartements bénis en forme d'exorcisme (1). Certains habitants, émus de cette révoltante brutalité, auraient recueilli les malheureux élèves étrangers à la ville et jetés ainsi à la rue. Quelques jours plus tard, le Collège fut transféré à la maison de Chaage.

(1) « Le 16 novembre, le Collège dût quitter en toute hâte le Séminaire d'où il fut expulsé avec un empressement quelque peu hostile ; meubles jetés par les fenêtres, aspersion des murs en forme de purification » A. Carro : *Histoire de Meaux*, p. 179.

Mais à son tour, la municipalité ne se soumit pas à la décision royale sans réclamer au moins une indemnité pour cet empiétement de ce qui, aux termes du décret du 9 avril 1811, était son bien propre. Seulement ces réclamations furent vaines, la ville ne put rien obtenir (1).

Enfin, à la rentrée scolaire suivante, les aménagements nouveaux étant effectués, le Collège quitta la maison de Chaage et s'installa aux Ursulines. M. Duprat, démissionnaire, fut remplacé provisoirement dans ses fonctions par le plus ancien des professeurs en exercice, M. Bully, régent de troisième, qui reçut peu après sa nomination de principal. Hélas, cette manière de révolution n'avait pas été sans dommage pour la vitalité de l'établissement ; le Collège de Meaux ne comptait plus que *cinq* élèves pensionnaires.

(1) Dès la Révolution de Juillet 1830, la ville voulut rentrer en possession du Séminaire. L'ordonnance de 1816, n'ayant pas été insérée au bulletin des lois, pouvait être entachée d'illégalité. D'ailleurs la ville soutenait qu'une ordonnance royale, de but local, ne pouvait abroger un décret impérial comme celui du 9 avril 1811, rendu dans un but d'intérêt général. Il s'ensuivit une longue polémique. Le ministre de l'Instruction publique, M. Girod, soutenait les intérêts du Séminaire, mais grâce à l'influence du général Lafayette, la ville triompha. Après bien des discussions, il fut convenu que le Séminaire resterait au diocèse ; la ville de Meaux touchait par contre 67.000 francs pour l'indemniser de l'occupation de l'ancien hôpital Jehan Rose.

Nous regardons autour de nous et la situation actuelle nous inspire de curieux rapprochements. Nous avons assisté durant ces derniers mois aux négociations entreprises entre la ville et l'Etat, au sujet de la cession de ces mêmes bâtiments, demeurés vacants par suite du départ du Séminaire. Grâce aux efforts et à la ténacité de M. Lugol maire de Meaux, ces négociations aboutirent au mieux des intérêts de la cité. En effet ces bâtiments, estimés d'abord 500.000 francs, puis offerts sur une mise à prix de l'Etat de 370.000 francs, viennent d'être cédés pour 100.000 francs. Si cette acquisition s'opère, comme il y a tout lieu de le penser, ce sera donc une somme de près de 300.000 francs que l'habileté de la municipalité fera gagner ainsi à la ville. (Renseignements particuliers).

CHAPITRE III.

Le Relèvement du Collège
Administration de MM. Bully, Guyot et Caron

Ainsi donc le collège était définitivement installé dans les bâtiments qu'il ne devait plus quitter. Il ne s'agissait plus maintenant que de lui rendre son antique prospérité, tâche aride entre toutes et qu'assuma pourtant avec courage M. Bully. Il fut en cela remarquablement secondé par M. Hattingais, ancien membre du Conseil des cinq cents, alors magistrat à Meaux et administrateur du collège. (1) Les efforts intelligents de ces deux hommes devaient arracher de l'abîme le collège de Meaux.

M. Bully aimait d'autant plus le collège qu'il y avait en somme toujours vécu. Né en 1787 à Bernays-en-Brie, il fut de très bonne heure recueilli par une tante qui lui fit suivre le cours secondaire de M. Pihet. A dix-huit ans il était nommé maître de quartier dans cette même pension et s'élevait peu à peu jusqu'au principalat qu'il atteignait à 29 ans.

M. Bully, très attaché aux Bourbons et très pieux, était aussi très instruit. Il ne se contenta point de remplir ses fonctions de principal, il se chargea aussi de la

---

(1) M. Hattingais fut nommé membre du bureau d'administration par la Commission de l'Instruction Publique, comme en fait foi une lettre adressée le 18 septembre 1818 par M. Campenon, inspecteur d'Académie, au principal du collège.

chaire de rhétorique (1) et sa facilité d'élocution, le charme de son enseignement ne devaient pas peu contribuer à la renaissance de ce collège qu'il prenait sous de si mauvais auspices.

En effet peu à peu le nombre des élèves augmenta. (2) Ce fut tout d'abord une progression lente puis qui s'accentua sans cesse. Peut-on expliquer cela ? non. Le succès d'un établissement d'éducation tient à des causes très diverses : excellence de l'enseignement qui s'y donne, vie confortable de l'internat, sympathie liant le principal aux familles. Ce fut tout cela sans doute.

Bref la situation du collège d'année en année s'améliorait. L'étude des belles-lettres y était poussée de façon magistrale. M. Bully, comme tous les esprits supérieurs, avait le culte des langues anciennes si belles, si nobles, et s'évertuait à faire de ses élèves de bons latinistes. On sortait du collège de Meaux avec ses *humanités*, ce qui ne peut plus guère se dire aujourd'hui, alors que l'enseignement des sciences a presque détrôné les lettres. On n'étudie plus le latin ni le grec dans nos collèges, ou si peu, et c'est grand dommage, car le latin et le grec ornaient l'esprit et mettaient au cœur cet amour du Beau, qui est l'Amour même. Les belles-lettres sont de

---

(1) La situation précaire de l'établissement conseillait la prudence et l'économie. Les classes furent ainsi fixées :

Principal faisant la rhétorique et la seconde : traitement. 1.000 fr.
Un seul régent pour la 3e et les mathématiques. 1.500
— pour la 4e et la 5e. 1.000
— pour la 6e et la 7e 1.000
— pour les éléments et quartiers. 500

Taux annuels des traitements. . . . . 5.600 fr.

Nous sommes loin de notre cadre actuel d'enseignement (23 professeurs, 7 répétiteurs) dont les traitements se sont montés pour 1908 à plus de 100.000 francs.

(2) Le budget du collège pour l'année 1818 comprend neuf pensionnaires, neuf demi-pensionnaires, quarante-cinq externes ; un an plus tard, à la fin des classes de 1819, le nombre des élèves tant internes qu'externes était déjà de 110.

moins en moins aimées, hélas, et de plus en plus Corneille fait place aux traités de physique et de chimie et la langue du vieil Homère, comme celle du doux Virgile, sont délaissées pour les théorèmes.

Dès 1817 M. Bully avait condensé en un recueil imprimé les meilleurs vers et devoirs latins de ses élèves. Le succès obtenu par cette publication l'incita à la continuer. Devant le succès toujours grandissant, on joignit aux devoirs latins les devoirs de français, d'histoire et de mathématiques. Pour figurer dans cette manière d'anthologie il fallait être naturellement très bon élève, mais il suffit de compulser cette collection, en ce moment sous mes yeux, qui va des années 1817 à 1842, pour se faire une impression des travaux scolaires durant la gestion de M. Bully. C'est magnifique.

Dans sa séance du 29 juin 1818, le Bureau d'administration propose au principal l'entreprise de l'établissement, mais M. Bully, vu la situation précaire du pensionnat, ne put accepter cette offre ; ce fut seulement en août 1819, alors que le nombre des élèves tant internes qu'externes s'élevait à cent dix, que M. Bully passa avec la municipalité un traité en vertu duquel il assumait à son compte, à partir du 1er janvier 1820, pour une période de dix années, l'administration de l'Établissement. M. Bully perdait son traitement de principal et les recettes et les dépenses du pensionnat étaient à son profit et à sa charge ; la ville ne demeurait plus chargée que des dépenses du cours d'études (traitements des professeurs) et de l'entretien et réparations des bâtiments. Ce traité, comme on voit, était essentiellement différent, dans ses données, du traité consenti en 1815 avec M. Duprat. Élaboré dans la séance du bureau d'administration du 23 août 1819, il fut ratifié par délibération du Conseil municipal du 27 août. (1)

(1) Voir le texte de cette délibération aux pièces justificatives.

Le 7 juillet 1821, M. Taillefer, inspecteur d'Académie, propose au bureau d'administration la création d'une chaire de philosophie, rendue indispensable par l'importance de l'établissement et « les obligations imposées à quiconque veut être admis aux cours de droit, de médecine, etc » Le Bureau accueille avec reconnaissance cette proposition et décide de remettre à M. Taillefer une expédition de la délibération présente « afin que M. le Recteur, après en avoir pris connaissance, veuille bien la présenter et la faire agréer de MM. les membres du Conseil royal de l'Instruction Publique. » L'arrêt du conseil municipal du 18 février 1826 fixa le traitement du régent de philosophie qui figura pour la première fois au compte des recettes et dépenses présenté par M. Bully pour l'année 1826.

Le 19 avril 1825, dans l'après-midi, le Collège reçut la visite de S. A. R. M⁽ᵐᵉ⁾ la Dauphine, fille de Louis XVI. Quelques officiers et deux dames d'honneur composaient sa suite ; le préfet, le sous-préfet, l'évêque et toutes les autorités civiles l'accompagnaient. Reçue à sa descente de voiture par le principal et les régents, tous en costume universitaire, elle eut un mot aimable pour chacun. Dans la grande galerie des classes, les élèves se tenaient sur deux rangs et, tandis que la princesse passait au milieu d'eux, pour se rendre à la chapelle, les cris de : *Vive le Roi ! Vive Madame la Dauphine ! Vive les Bourbons !* fusaient de toutes parts. C'était alors l'heure la plus belle du royalisme et M. Bully, sans exercer aucune pression sur ses élèves, leur avait communiqué pourtant à tous son enthousiasme pour la royauté. Que pensait la princesse ? Peut-être songeait-elle à l'accueil bien différent qui lui avait été fait dans cette même ville de Meaux, le 24 juin 1791. Mais les jours passent, les hommes brûlent ce qu'ils ont adoré, puis adorent ce qu'ils ont brûlé ; c'est une vérité vieille comme le monde ou plutôt comme l'Homme dont elle est le fidèle reflet.

Deux pièces de vers furent présentées à S. A. R., l'une par le régent de quatrième, M. Peigné, l'autre par un des rhétoriciens, le jeune Auguste Landon. La princesse remercia gracieusement, puis après avoir visité l'établissement, se retira au milieu des acclamations. Au reste, le souvenir de cette journée inspira plusieurs élèves, et je trouve, précisément, dans le recueil de 1825, plusieurs pièces de vers latins sur ce sujet.

M. Bully institua aussi la fête du Collège qu'il plaça sous l'invocation de Saint-Vincent-de-Paul, cet apôtre de la jeunesse. C'était, le 19 juillet de chaque année, une journée charmante. Naturellement, point de classes ce jour-là. Dès le matin, à neuf ou dix heures, M. le Principal, MM. les Régents, les anciens élèves et les élèves, en uniforme, se rendaient à la cathédrale pour entendre la messe célébrée à leur intention, le plus souvent par l'archiprêtre. Puis on rentrait au Collège faire honneur au succulent banquet servi au réfectoire (1). Le Principal prenait place, entouré des autorités, des anciens élèves et des élèves. La décoration de la salle était à la fois coquette et sobre : guirlandes tressées par les jeunes gens ; tentures ; plantes vertes. Vers le haut bout de la salle, émergeant d'un massif de verdure, le buste du roi, couronné d'immortelles, celui de Saint-Vincent-de-Paul, couronné de fleurs, et alentour les bustes des sages et des conquérants de l'antiquité : Thémistocle, Scipion, Aristide, Socrate.

A mesure que les mets succédaient aux mets, les langues se déliaient, mais la discipline était, ce jour-là,

---

(1) Quelquefois ce banquet avait lieu à cinq heures de l'après-midi et réunissait rarement moins de 200 convives.

facile. Au dessert, on décernait des médailles aux meilleurs élèves désignés par les camarades. Puis le champagne pétillait dans les coupes ; M. Bully se levait et portait le toast « au roi bien aimé » d'abord, puis au ministre de l'Instruction Publique, à Mgr l'évêque, aux anciens élèves, aux élèves, à la prospérité du Collège enfin, de ce Collège que son administration rendait si glorieux. Et les acclamations se succédaient avec les toasts. La journée s'achevait en jeux et exercices divers exécutés sur les promenades au milieu d'un grand concours de population.

Faut-il ajouter que, pour prix de ces bontés, M. Bully était cher à ses élèves, comme un père. Je me contenterai de citer, à ce propos, ces quelques mots qui terminent le compte rendu de la fête de Saint Vincent, année 1830.

« L'heure de la séparation venue, le doyen des anciens élèves a proposé de boire à la santé du chef de l'établissement, de l'ami dévoué qui, se regardant comme le père de tous ses élèves, les suit avec une tendre sollicitude dans les différentes carrières qu'ils parcourent, les aide de son crédit, les éclaire par ses conseils et s'imposerait, au besoin, des privations et des sacrifices pour assurer le bonheur et la gloire de leur avenir. »

Et rien n'était plus vrai (1).

(1) Je ne veux pas me soustraire au plaisir de relater ici un fait qui démontrera, entre mille autres, la délicatesse et la bonté de M. Bully. On parlait beaucoup en Seine-et-Marne, vers 1835-1840, d'un pauvre et doux poète, tisserand de son métier, qui s'appelait Magu et habitait Lizy-sur-Ourcq. C'était, d'ailleurs, un vrai génie, éclos dans un terrain aride, et qui s'était cultivé lui-même, ouvert à la Beauté comme une fleur, au point de composer des poésies dont quelques-unes sont de vrais chefs-d'œuvre. Beaucoup s'intéressaient au pauvre poète artisan et M. Bully ne devait pas rester indifférent. Dès 1835, on le voit faire propagande en faveur de Magu, que ses élèves se prennent à lire et de suite à aimer. C'est le poète favori du Collège en quelque sorte. Le 12 août 1837, M. Bully adressait à Magu cette lettre charmante, contresignée par la plupart des régents :

Dès 1826, le bureau d'administration, de concert avec M. Bully, proposa au conseil municipal le renouvellement du traité de 1819, pour une nouvelle période de dix années. Sauf quelques légères modifications suscitées par la chaire de philosophie et le nombre des élèves, le traité demeurait absolument identique. Le conseil municipal, dans sa séance du 11 août 1826, rendit hommage à l'activité de M. Bully (1) et approuva à l'unanimité le re-

« Monsieur,
« C'est chose bien rare qu'un poète du peuple et surtout un poète comme vous, s'ignorant lui-même, simple dans ses goûts et dans ses désirs, se consolant des rigueurs de la fortune par la philosophie et le commerce des Muses.
« Vos derniers vers, pleins de facilité et d'élégance, ont fait une impression vive sur le Collège que je dirige ; maîtres et élèves vous prient instamment, en témoignage de leur admiration et de leurs sympathies, d'accepter quelques-uns de ces livres qui *rendraient délicieux votre fortuné séjour*. S'ils éprouvent un regret, c'est de ne pouvoir remplir votre vœu qu'à demi ; mais ils ont l'espoir qu'un mérite comme le vôtre ne restera pas longtemps ignoré ; et ce sera pour eux un beau moment que celui où ils apprendront qu'un protecteur du talent modeste a joint à leur légère offrande *le franc par jour, la maisonnette et le petit jardin*.
« Agréez, s'il vous plait, Monsieur, l'expression vive et sincère des sentiments d'admiration et d'estime de vos très humbles et très dévoués serviteurs. « Bully ».
(Suivent les autres signatures).

On pense quelle fut, à la réception de cette lettre, l'émotion, la fierté et la joie de Magu. L'allusion à l'une de ses poésies où il disait que le seul bonheur qu'il ambitionnait se bornait à la possession d'une maisonnette, d'un petit jardin et 1 franc par jour assuré était si délicate ! Un peu plus tard, en 1839, quand on édita les œuvres de Magu (Meaux, imprimerie Carro, 1 volume), M Bully fut des premiers parmi les souscripteurs. Ainsi, cet homme était le protecteur né du talent même le plus humble. Le poète avait répondu à sa lettre par une charmante poésie. Cf. : *Œuvres du poète Magu*, p. 167 : *A Messieurs du Collège de Meaux, qui m'avaient envoyé des livres*.

(1) « Le conseil rend hommage au zèle, aux talents et à l'excellente conduite de M. le principal ; il se plait à reconnaître que la prospérité du Collège, les bonnes maximes qui y sont enseignées, la force des études et la bonne conduite des élèves sont dûs en grandes parties aux lumières, au zèle éclairé et au dévouement de M. le principal qui a parfaitement justifié les espérances de la ville et des pères de famille. » — *Registre des délibérations du conseil municipal de Meaux ; année 1826*.

nouvellement pour une période de dix années à compter du 1er janvier 1830.

Le 6 juin 1831, le roi Louis Philippe, de passage à Meaux, se fit présenter les élèves du Collège. Ceux-ci au nombre de cent vingt, en uniforme, armés de fusils ornés de bouquets tricolores, s'étaient massés en ordre de bataille sur les promenades de la ville, faisant face au Collège. A deux heures, le roi, accompagné de ses fils les ducs d'Orléans et de Nemours et suivi d'un brillant cortège, parcourait les lignes des gardes nationaux et s'avançait vers les élèves du Collège qu'il complimentait avec bonté. Un peu plus tard, M. Bully lui fut présenté avec tous ses collaborateurs et lui exprima en quelques mots son respectueux attachement : « une royauté aussi franche, aussi libérale, aussi populaire que la vôtre est assurément la meilleure des républiques. »

L'enthousiasme de M. Bully ne prévoyait pas 1848. Le roi fit au principal une longue réponse affectueuse et émue.

Le 4 octobre 1831, MM. Faber et Barrois furent appelés respectivement aux chaires de langues vivantes et de dessin nouvellement créées ; en revanche, pour ne point occasionner de nouvelles dépenses, la chaire de seconde fut réunie à celle de troisième sous la direction d'un professeur unique.

Dans sa séance du 14 avril 1837, le bureau d'administration « considérant que M. Bully avait complètement justifié les espérances que ses principes, ses talents et son zèle avaient fait concevoir relativement à l'enseignement, à la force des études, au nombre des élèves etc » est d'avis de renouveler purement et simplement le traité de 1826 pour une nouvelle période de dix années à partir du 1er janvier 1840. La municipalité soulève certaines questions qu'il discute longuement dans sa séance du 11 mai 1838. Enfin, par délibération en date du 26 juin 1838, le conseil municipal approuve le renouvellement du dit traité.

Sous la sage administration de M. Bully, les années passaient laborieuses et productives. En 1839-1840 d'importantes réparations furent faites aux bâtiments du Collège. L'année suivante M. Villemain, ministre de l'Instruction publique, constatant la situation de plus en plus florissante de l'établissement, offrit à la ville de l'ériger en Collège royal ; mais devant la dépense nécessaire pour cette transformation, plus de 115.000 francs et l'entretien de 20 bourses aux prix de 600 francs chacune, la municipalité réfléchit, puis déclina l'offre.

Ce fut en cette même année 1841 que mourut, à 92 ans, M. Hattinguais, ce digne collaborateur de M. Bully dans l'œuvre de restauration du Collège. « Dors, dors en paix — disait M. Bully dans le discours qu'il prononça le 2 avril, sur la tombe du vieux magistrat — dors, non loin de ce Collège qui te fut toujours cher, où, sans cesse, nous croirons voir errer ton ombre ! Tu le sais, sage et noble vieillard, une vive reconnaissance y perpétuera ton souvenir et plus d'une fois, nous t'en faisons ici la promesse, dirigeant en secret nos pas vers la triste enceinte où vont à jamais reposer tes cendres, nous viendrons confier à ta tombe nos craintes et nos espérances, ou lui demander, dans les jours de deuil et de dangers publics, des conseils salutaires et de patriotiques inspirations. »

L'année 1842 vit s'achever la longue administration de M. Bully. Le 1er avril, ayant obtenu sa retraite (1), il

---

(1) A M. de Longpérier, maire de Meaux

Paris, le 31 mars 1842,

Monsieur le maire,

J'ai l'honneur de vous informer que, par deux arrêtés en date du 30 de ce mois, M. le ministre de l'Instruction publique a admis sur sa demande M. Bully, principal du Collège de Meaux, à faire valoir ses

quittait cet établissement qu'il avait pris en pleine déroute et qu'il laissait, après 26 ans de principalat et 38 ans de service, actif et plein d'avenir. Il partait, le cœur plein de la joie du devoir accompli, emportant dans sa retraite l'affection et la reconnaissance de tous. Aussi bien, la croix de la Légion d'honneur, attachée depuis plusieurs années sur sa poitrine, disait assez quelle était l'estime qui lui était dévolue en haut lieu.

M. Bully fut un excellent homme, bon, modeste, (1) comme sont les vrais savants. J'aurais voulu trouver des accents plus dignes pour le faire revivre tel qu'il était, car c'est une des figures et peut être la figure qui s'accuse le plus dans l'histoire de notre collège. Quand il mourut, le 6 novembre 1873, son successeur et ami M. Guyot pouvait dire sur sa tombe : « ô patriarche vénéré, ton souvenir vivra au milieu de nous et tu nous seras toujours cher » (2) car son souvenir est demeuré en effet, malgré le temps, toujours vivace parmi nous.

M. Bully, n'oublions pas de le noter, fonda à perpétuité une médaille qui depuis lors est décernée, chaque année, à l'élève sortant qui s'est le plus distingué durant tout le cours de ses études par sa conduite, son travail et ses succès.

---

droits à la retraite et a nommé provisoirement M. Guyot, régent de 4°, principal du Collège en remplacement de M. Bully.

Je vous adresse deux copies de l'arrêté de nomination de M. Guyot, je vous prie de vouloir bien en remettre une à ce fonctionnaire et procéder à son installation.

Recevez etc.
      L'Inspecteur général, chargé de l'administration
          de l'Académie,
          Roussel.

(1) Il fut élu membre du conseil municipal et après les évènements de 1848 ses concitoyens qui l'estimaient et ses collègues lui offrirent l'écharpe municipale que sa modestie lui fit refuser.

(2) « Ah ! mon ami, disait-il souvent à M. Guyot : *Obesse nulli prodesse multis* : Ne nuisons à personne, soyons utiles à tous. »

M. Guyot, successeur de M. Bully, fut son digne continuateur dans l'œuvre de restauration du collège. C'était déjà depuis de longues années un de ses collaborateurs les plus fidèles en même temps qu'un de ses meilleurs amis. En effet, maître d'étude au collège dès 1831, il y fut successivement nommé régent de septième et huitième, puis de sixième et enfin en 1838, régent de quatrième. Une sympathie de jour en jour croissante l'avait lié de bonne heure à M. Bully, qui, de son côté, n'avait pas été sans remarquer les précieuses qualités du jeune professeur. Bref, en demandant sa mise à la retraite, M. Bully le désigna aux autorités supérieures, au bureau d'administration et à la municipalité, comme digne entre tous de lui succéder.

M. Guyot fut nommé principal du collège de Meaux le 30 mars et installé dans ses fonctions par M. de Longpérier, le 4 avril. (1) Voici en quels termes la presse annonçait cette nouvelle à la population meldoise :

« .....M. Villemain, ministre de l'Instruction publique, a, par arrêté du 30 mars, nommé M. Guyot aux fonctions de principal. Nulle décision ne pouvait être plus conforme au vœu de la population qui, depuis huit ans, a pu apprécier M. Guyot, aussi sa nomination a-t-elle en quelque sorte le caractère d'une élection à l'unanimité tant il a su se concilier l'estime et l'affection générales.

---

(1) Le ministre, secrétaire d'Etat au département de l'Instruction Publique, grand-maître de l'Université de France ;
  Arrête ce qui suit :
Article 1er
M. Guyot, régent de 4e au collège de Meaux, est nommé provisoirement principal de ce collège en remplacement de M. Bully, admis à faire valoir ses droits à la retraite.
Article 2
M. l'Inspecteur général, administrateur de l'Académie de Paris, est chargé de l'exécution du présent arrêté.
  Fait à Paris, le trente mars mil huit cent quarante-deux.
                                              VILLEMAIN.

Homme d'esprit et de cœur, M .Guyot possède toutes les qualités nécessaires pour s'acquitter parfaitement de la grande tâche qui lui est confiée. (1) »

Ce fut en 1844, en exécution de la loi du 28 juin 1833, que fut annexée au collège de Meaux une école primaire supérieure. Cette école ne tarda pas à prendre une extension considérable, à tel point qu'il fallut bientôt songer à y attacher un pensionnat ; le nombre des élèves de 16 à sa création était de 43 en novembre 1847. C'est alors que M. Guyot demanda la création d'une seconde chaire de sciences rendue indispensable par l'affluence sans cesse grandissante vers cet enseignement. (2) Déjà, en décembre 1843, M. Guyot, qui pressentait ce développement des études scientifiques, avait demandé l'achat d'une collection d'instruments de physique, demande favorablement accueillie du reste. La deuxième chaire de sciences fut créée par arrêté du ministre de l'instruction publique en date du 30 janvier 1851. Le crédit nécessaire

---

(1) A. Carro. *Journal de Seine-et-Marne*, 2 avril 1842.

(2) « La tendance vers l'enseignement du français et des sciences est un fait incontestable et que prouve jusqu'à l'évidence la répartition actuelle des élèves dans les différents cours. Le nombre des étudiants a plus que doublé depuis six ans ; et cependant, les classes élevées ne sont pas plus nombreuses qu'en 1842...... Parvenus aux humanités, la plupart des élèves secondaires ou quittent le collège ou vont terminer leur instruction à l'école primaire supérieure. La grande majorité des étudiants du collège de Meaux fait donc ou des études secondaires incomplètes ou seulement des études françaises. L'enseignement des sciences doit donc incontestablement occuper une place importante dans une instruction réduite aux proportions que je viens d'indiquer, parce qu'il permet de terminer les cours élémentaires commencés et laisse dans l'esprit des élèves des connaissances positives et complètes sur les matières étudiées. » *Lettre de M.Guyot au maire de Meaux, le 30 novembre 1847* (Extrait).

Ainsi se manifestait déjà, à cette époque lointaine, l'esprit de positivisme dans l'instruction, dont nous ne pouvons nous empêcher de déplorer aujourd'hui l'emprise de plus en plus grandissante. Pourtant cette école primaire supérieure, créée en 1844, après avoir vécu près de 60 ans, devait s'éteindre d'elle-même, il y a de cela quelques années.

à cette fondation — 1.500 francs — était temporairement concédé par l'État, car la ville, dont la dette se montait alors à plus de 200.000 francs, n'avait pu faire face à cette nouvelle dépense.

A la fin de l'année scolaire 1859, l'inspecteur d'académie informa le principal que le collège de Meaux, tant pour le nombre de ses élèves que pour l'excellente direction des études, avait figuré le premier sur la liste des collèges de l'Académie de Paris. L'établissement comptait alors 165 internes, qui, réunis aux demi-pensionnaires et aux externes, faisaient un total de 185 élèves.(1)

Sous la ferme administration de M. Guyot (1842-1863) le collège atteignit une prospérité tout à fait remarquable. Le renom des fortes études qu'on y faisait se répandit au loin et beaucoup, parmi les jeunes gens qui y séjournèrent à cette époque, devaient dans les différentes carrières atteindre les sommets. A son départ, au début de 1863, l'établissement comptait 200 pensionnaires et 115 externes ; comme nous sommes loin de la pauvre maison recueillie en 1816 par M. Bully !

M. Guyot emporta dans sa retraite l'estime et les regrets de ses chefs universitaires, de ses collaborateurs et de ses amis. Ce ne fut d'ailleurs que sur sa demande réitérée que le ministre consentit à se séparer de ce serviteur combien actif ! Le 3 mars 1863 il lui exprimait en une lettre très élogieuse (2) ses sincères remercie-

---

(1) Ce nombre augmenta rapidement ; en juillet 1861, le collège comptait plus de 210 élèves.

(2) Voici cette lettre :

Paris, le 3 mars 1863.

Monsieur le Principal,

J'ai l'honneur de vous informer que d'après le désir que vous m'avez exprimé, je vous ai, par arrêté du 26 février dernier, admis à faire valoir vos droits à la retraite pour cause d'infirmités.

Je regrette, M. le Principal, que l'état de votre santé ne vous ait pas permis de demeurer plus longtemps à la tête d'un établissement qui, grâce à votre active et habile direction, a pu atteindre à un haut degré

ments pour son habile gestion et M. Mouriès, vice-recteur de l'Académie de Paris, lui adressait, deux jours plus tard, une lettre non moins sympathique. De son côté, le Conseil Municipal, dans sa séance du 17 mars 1863, exprima ses remerciements à M. Guyot pour sa bonne et loyale administration, remerciements que le bureau d'administration lui renouvela dans sa séance du 12 mai suivant (1).

M. Caron, principal du Collège de Laon, fut désigné pour succéder à M. Guyot. M. Caron était un homme très instruit, très affable, certes, mais il fallait de bien précieuses qualités pour se montrer digne successeur de MM. Bully et Guyot. Il ne sut ou ne put se maintenir au même niveau. Pour nous qui savons combien les fonctions de principal sont délicates et combien elles exigent d'attention, nous ne saurions vraiment lui en faire grief. C'était, d'ailleurs, une succession très lourde et M. Caron ne rencontra, malgré sa bienveillance, ni près du Conseil Municipal, ni près des familles la sympathie qui avait été vouée à ses deux prédécesseurs. De même, M. Guyot ne l'aida ni de son expérience, ni de ses conseils. Une banale question d'intérêt — l'offre de cession du matériel de M. Guyot que M. Caron, jugeant

de prospérité. Je suis heureux, au moment où vous renoncez à vos fonctions que vous avez si bien remplies, de vous témoigner que j'apprécie comme ils le méritent vos honorables services.

Recevez, Monsieur le Principal, etc.....

ROULAND.

(1) « Le Bureau, par l'organe de son président (M. Bertrand, adjoint au maire), se plaît à exprimer à M. Guyot le regret de le voir quitter un établissement qu'il a dirigé pendant vingt-un ans avec autant de zèle que de talent, en l'élevant au plus haut degré de prospérité. »

M. Guyot, en prenant sa retraite, n'abandonnait pas définitivement le Collège, en effet, il ne manque pas de s'intéresser toujours à sa vitalité et, d'ailleurs, le 23 février 1869, un arrêté ministériel le faisait rentrer, en qualité de membre du Bureau d'administration, dans cette maison où s'était écoulée une si grande partie de sa vie.

le prix trop élevé, n'accepta pas — sépara l'ancien principal et le nouveau. Notre impartialité nous force d'ajouter même que M. Guyot, conseiller municipal, ne fut jamais prévenant pour son prédécesseur.

Pour toutes ces raisons, quand M. Caron quitta le Collège, le 1er décembre 1867, le nombre des pensionnaires était sensiblement diminué (1).

(1) 184 élèves payants à la fin de l'année scolaire 1867, dont 155 pensionnaires environ (153 au 1er janvier 1868).
En 1863, des cours professionnels avaient été créés au Collège afin de préparer les jeunes gens à l'industrie agricole et manufacturière, aux écoles d'arts et métiers. Le programme de ces cours fut approuvé par le vice-recteur de l'Académie de Paris, le 14 novembre 1863.

CHAPITRE IV

**M. Muller est nommé Principal.
Prospérité du Collège.
Fondation de l'Association Amicale
des Anciens Élèves.
Le Collège est mis en régie.**

Sous la direction de M. Muller qui succède à M. Caron, le 10 décembre 1867, le Collège connaîtra ce que l'on peut appeler l'apogée de sa prospérité. M. Muller, né le 24 juillet 1824, à Paris, fit ses études au Lycée Saint-Louis et débuta, en 1850, comme professeur de seconde à Saint-Marcelin, en Dauphiné. Il y resta très peu de temps, ses mérites lui valurent un avancement rapide ; dès 1851 il est nommé titulaire de la chaire de rhétorique au Collège de Meaux. Il quitta notre Collège en 1854 pour le Lycée de Pau, puis nommé principal du Collège de Verdun en 1865, il revint à Meaux trois ans plus tard.

Dès le début de sa gestion, ses remarquables qualités d'administrateur, sa vaste érudition, sa courtoisie lui attirèrent une foule d'élèves nouveaux. D'année en année le contingent augmentait à tel point que les locaux devinrent insuffisants et qu'il fallut les agrandir en proportion des besoins. Le Collège atteignit ainsi le chiffre énorme de 300 pensionnaires !

Ce fut l'époque glorieuse où le Collège de Meaux, dans les concours généraux ouverts entre les Lycées et Collèges ou dans les concours académiques, occupait souvent le premier rang. De tels succès ne manquèrent pas d'attirer les yeux de l'autorité supérieure et l'on trouve, pour notre Collège, dans le rapport que le vice-recteur de l'Académie de Paris, M. Mouriès, fit en 1878, au Conseil supérieur de l'Instruction Publique, les lignes suivantes :

« Dans l'enseignement classique où l'organisation du personnel semblerait donner aux Lycées une si grande supériorité, nous comptons à l'actif du Collège de Meaux : un 1er prix de mathématiques et un 1er prix de géographie, un 2e prix de version latine en seconde et un 1er prix de thème latin en quatrième. Ce Collège occupe donc le deuxième rang sur 4 Lycées et 23 Collèges. Meaux a bien mérité, à raison de ses études, la haute distinction que nous avons obtenue pour son principal, agrégé de l'Université. La croix d'honneur est attachée au drapeau du Collège ».

M. Muller, officier de l'Instruction Publique depuis 1872, avait été, en effet, nommé chevalier de la Légion d'honneur l'année précédente (août 1877).

Vers la fin de l'année 1870 s'était fondée sur l'initiative de quelques anciens élèves, une association amicale des anciens élèves du Collège. MM. Bully et Guyot, anciens principaux et Muller, furent nommés d'office membres honoraires du nouveau groupement. Malheureusement la guerre survint (1) l'empêchant de se manifester, mais

---

(1) On m'a raconté, à propos du Collège durant l'occupation de Meaux par les Allemands, une plaisante anecdote qui cependant, sans l'intervention de M. Muller, aurait pu tourner au drame. Il y avait alors au Collège, en qualité de portier, un nommé Combes. Un soldat Allemand, envoyé chez son colonel qui habitait à l'extrémité de la rue du Collège (propriété de l'Arquebuse) se présenta au Collège même pour parler à son officier. Combes répondit qu'il ne se trouvait aucun colonel dans l'établissement et impatienté par les instances du soldat qui comprenait très mal la langue de Corneille, le saisit par les épaules et le fit rouler sur la chaussée. Combes fut immédiatement arrêté, et après un jugement sommaire en conseil de guerre, condamné à mort. Il fallut toute l'éloquence de M. Muller pour l'arracher à ce malheureux sort. Et comme le dévoué principal insistait, le président du Conseil lui cria brutalement : Ferme ta g...... Peu importait, le malheureux Combes était sauvé.

les promoteurs de l'idée n'abandonnèrent pas leur projet et le 23 décembre 1871, un banquet eut lieu auquel furent conviés tous les anciens camarades. Cent trente-neuf répondirent à l'appel, d'autres envoyèrent leur adhésion par écrit; un comité provisoire fut constitué, chargé de rédiger les statuts et de rechercher les anciens élèves. L'assemblée générale fut fixée au 21 décembre 1872. Soixante-douze membres y prirent part, les statuts furent votés et le comité définitif fut constitué avec comme président M. Geoffroy, maire de Meaux.

Dès lors, l'Association amicale des anciens élèves, dont nous aurons l'occasion de reparler, était fondée.

Grace à l'habile direction de M. Müller, le Collège de Meaux n'eut pas trop à souffrir durant l'année terrible. Lors de la constitution des bataillons de volontaires, les bacheliers du Collège de Meaux furent la plupart incorporés comme sous-lieutenants.

Dans sa séance du 22 août 1871 « le bureau d'administration décide qu'en raison des circonstances dans lesquelles se trouve le pays, la distribution des prix d'excellence se fera sans solennité dans chaque classe, le jeudi 31 août, après la messe d'actions de grâces célébrée au Collège et que les membres du dit bureau remettront eux-mêmes les prix aux élèves. »

Durant cette même année 1871, la ville dût faire une grosse dépense pour assainir et réparer tous les bâtiments du Collège qui avait été occupé par une ambulance ennemie.

En 1882, sur la proposition de M. Modeste, maire de Meaux, le Collège fut mis en régie par la ville. C'était le résultat de longues réflexions qui n'étaient pas dépourvues de calcul. Il est bon de tout dire, surtout en matière d'histoire. M. Müller réalisait au Collège de très gros bénéfices, honnêtement acquis, hâtons-nous de le dire, et qui n'étaient en somme que le dédommagement de ses efforts. Peut-être la Municipalité, devant la situation prospère de l'établissement, pensa-t-elle que le Collège, au compte de la ville rapporterait un sérieux revenu. Plus j'y réfléchis et plus je suis certain que cette idée n'était pas étrangère à la décision du Conseil municipal. Mais le Conseil oubliait qu'entre la gestion d'un principal à son compte et la gestion d'un Collège en régie, il existe de si grandes différences que les bénéfices réalisés sous le premier mode d'administration ne sauraient être reportés sous le second.

Bref, la Municipalité ne tarda pas à constater que le résultat ne répondait pas à son attente. Il s'ensuivit entre le maire et le principal certains froissements. M. Müller, habitué à être maître chez soi, tenu désormais dans les bornes d'un règlement strict, ne tarda pas à se lasser des exigences auxquelles il était en butte ; il patienta tout d'abord, puis se décida, quoique à regret, à demander son changement.

Il fut peu après nommé proviseur du lycée de Vendôme et quitta la ville, entouré d'unanimes sympathies. Voici en quels termes la presse locale le saluait à son départ :

«..... Mais en apprenant le départ de M. Müller, la ville de Meaux et la jeunesse qui y est et a été élevée (au Collège) sous son administration active, affectueuse et généreuse témoignent leurs sympathies et leur reconnaissance à cet homme excellent dans toutes les choses qu'il dirigeait ; M. Müller quitte le Collège dans toutes les satisfactions morales, intellectuelles et matérielles qu'un administrateur puisse rêver ; il part entouré de l'affection des familles et des enfants, de la haute estime de ses professeurs, avec un long cortège de succès universitaires, avec la croix de la Légion d'honneur et avec un état de fortune personnelle légitimement et même glorieusement acquise. On pourra dire de lui, car

son souvenir s'imposera désormais à notre collège :
« M. Müller a passé ici en faisant le bien. »

« Cette vérité si simple est le plus beau de tous les éloges. (1) »

M. Müller ne devait pas d'ailleurs s'éloigner du Collège de Meaux pour longtemps. En 1885 il obtient sa retraite et vient se fixer à Meaux où dès 1886 nous le retrouvons en qualité de président de l'Association des anciens élèves. Au début de 1888 il entre au bureau d'administration comme vingt ans auparavant son arrière prédécesseur M. Guyot. Dès lors la mort seule pouvait éteindre sa sollicitude pour cet établissement qu'il avait toujours particulièrement aimé. Ce triste événement survint le 17 février 1908 ; malade depuis trois ans, M. Müller attendait la mort avec cette sérénité qui est la force souveraine des sages. Visité souvent par ses amis, il s'entretenait avec eux du Collège, de ses anciens élèves parmi lesquels Moissan, le grand chimiste, le général Michel, alors chef du 2e corps d'armée à Amiens, Georges Courteline, Auguste Germain, Jacques Normand etc, dont il n'évoquait pas les noms sans un secret orgueil. Et nous ne saurions terminer le chapitre consacré à cet homme de bien qui fit tant pour la prospérité de la maison dont nous écrivons l'histoire, sans reproduire ici un passage de l'émouvant discours que prononça le 29 avril 1908, à la mémoire de ce maître vénéré, M. Chalot, président de la société amicale des anciens élèves, lors de l'assemblée générale annuelle de cette société.

« A le voir, on jugeait que la réputation laissée jadis par le professeur de rhétorique était pleinement justifiée ; on sentait qu'on était en présence d'un véritable éducateur de la jeunesse, car il avait l'autorité qui com-

---

(1) Journal de Seine-et-Marne, 13 août 1882.

mande le respect, la bonté qui inspire la confiance et la sympathie.

« Tous les élèves qui ont vécu sous sa direction pendant les quinze années qu'il a passées au Collège de Meaux ont pu constater le scrupule avec lequel il s'acquittait de ses obligations professionnelles ; il les connaissait tous, était exactement renseigné sur leurs aptitudes, leurs qualités et leurs défauts. Il leur témoignait la sollicitude la plus éclairée, suivait leurs progrès avec le plus profond intérêt. Autant il était heureux de leur décerner des éloges, autant il était peiné de leur infliger un reproche. Secondé dans sa tâche par sa digne compagne, il ne négligeait rien pour assurer leur bien-être matériel et les entourait des soins les plus attentifs. Il leur aurait fait oublier leur famille si la famille pouvait être oubliée. »

CHAPITRE V

Le Collège de 1882 à 1900

Principalat de M. Duval — M. Szelechowski — Réédification du Collège — Les tables de pierre du vestibule — Inauguration — M. Créances — M. Brepsant.

Il est presque de convention pour ceux qui retracent l'histoire soit d'un établissement, soit d'une contrée, soit d'une ville, de terminer par délicatesse leur travail à l'orée de la période contemporaine. Ce scrupule bien qu'excessif est assez compréhensible. Rien n'est plus délicat, en effet, que d'écrire l'histoire de notre époque. « Cependant — me direz-vous — c'est là que la documentation est la plus abondante. » Soit, mais quand on remonte dans les siècles « il n'est pas indiscret de donner à la vérité la revanche qui lui est due » tandis qu'en retraçant les faits de l'époque présente, la plupart des acteurs ou des témoins mis en scène sont vivants et l'on devine tout de suite combien il faut user de diplomatie pour ne pas blesser des caractères parfois trop prompts à s'alarmer. Cependant nous nous sommes promis de retracer l'histoire du collège de Meaux depuis sa fondation jusqu'à nos jours et quelque difficile que soit cette tâche, nous ne saurions y manquer.

M. Müller fut remplacé le 1er septembre 1882 par M. Duval, principal du collège d'Alais, chargé d'administrer le nouvel établissement en régie. Il existe, comme nous le disions plus haut, entre les deux sortes d'administration, des différences sérieuses qui peuvent se résumer en deux points bien précis : 1º d'un côté un directeur de maison jouissant d'une très grande latitude sous le rapport économique et pouvant par conséquent se prêter avec les familles à tous les arrangements qui lui semblent bons pour la prospérité de cette maison ; 2° d'autre part, un chef d'établissement responsable de tous les services et tenu par un règlement strict qu'il doit exécuter et faire exécuter à la lettre. M. Duval fit de son mieux, « homme affable et bon, il n'avait peut-être pas la main assez énergique pour diriger un si grand établissement. » (1) Néanmoins il sut se concilier rapidement par son aménité la sympathie de ses collaborateurs et des élèves, ce qui était d'une excellente politique.

Nous avons dit dans le précédent chapitre, au sujet de la mise en régie du collège, que le résultat ne répondit pas à l'attente de la Municipalité. En effet, dès 1882, la baisse des élèves commence, puis s'accuse insensiblement pour revêtir en 1883 des proportions inquiétantes. Naturellement un tel état de choses ne résulte pas uniquement de la nouvelle organisation, il faut mettre à part les élèves quittant le collège, leurs études achevées, et penser qu'il est des années plus ou moins heureuses ; cependant la situation ne manque pas d'être irritante et le bureau d'administration, dans sa séance du 26 octobre 1883, la commente longuement.

« Comparativement à la même époque de l'année dernière, l'effectif des élèves accuse malheureusement une diminution assez sensible ..... le nombre des pensionnaires libres a reculé de 213 à 181, diminution qui n'est pas compensée par l'augmentation des demi-pensionnaires dont le chiffre est porté de 11 à 18. Sans doute depuis le moment où a été établi le budget, on a quelques rentrées nouvelles à signaler, au nombre de six. Mais

(1) Andrieux : Histoire du Collège de Meaux, ouv. cité.

même en en tenant compte, la perte n'est pas moindre de 23 pensionnaires libres. » (1)

Les conclusions sont assez peu rassurantes.

« Le nombre total des élèves est de 328 tandis qu'il était l'année dernière à la même époque de 373, en comptant la classe enfantine. Une diminution s'observe également dans le chiffre des externes qui s'est abaissé de 115 à 93. »

« De ces différences dans l'effectif résulterait une différence dans les recettes qui aboutirait à un déficit de 8.665 francs, lequel devrait être comblé par une subvention communale. Il faut espérer que l'équilibre sera rétabli d'ici là par de nouvelles rentrées sur lesquelles on a quelques droits de compter, en raison des circonstances accidentelles qui ont retardé l'arrivée d'élèves inscrits. (1) »

En effet, l'année 1884 apporta au collège quelques élèves de plus ; au 30 juin l'effectif est porté à 338 unités, soit une augmentation de dix sur l'année précédente, dont 8 pensionnaires. Malheureusement en 1885 sévit une violente crise agricole et industrielle qui eut une grosse répercussion sur le collège ; diminution de 28 élèves dont 14 internes, soit 308 unités au 6 novembre 1885.

M. Duval prit sa retraite le 10 février 1886 et fut remplacé par M. Szelechowski, principal du collège de Vitry, le 12 février. M. Szelechowski, licencié ès-lettres, agrégé de l'Université, était un homme vraiment supérieur ; il se révéla dès son entrée en fonctions comme un chef de maison de premier ordre, voyant juste et loin, jouissant d'une autorité absolue sur son personnel. Peut être lui

---

(1) Procès-verbal de la séance du Bureau d'administration, 26 octobre 1883.
(2) Ibid.

reprochera-t-on la trop grande indépendance de son caractère, son amour trop exclusif de la règle, sa sévérité ? Quelques personnes — paraît-il — se froissèrent un peu de cette fermeté qui s'étendait des élèves aux parents, mais du moins, durent-elles reconnaître tout ce que cette fermeté avait de bienfaisant sur le moral et sur les efforts des jeunes étudiants du collège de Meaux. D'ailleurs le Bureau d'administration ne tarda pas à reconnaître comme ils le méritaient les services de M. Szelechowski ; dès le 29 octobre 1886, nous le voyons porter de 5.000 à 6.000 le traitement du principal en reconnaissance de l'excellente direction imprimée au collège. (1)

Nous avons tracé de l'homme une esquisse bien rapide ; il se passa sous sa direction un gros évènement sur lequel nous ne pouvons passer sans détails : la réédification et l'agrandissement du collège.

Déjà, notamment en avril 1880, le bureau avait envisagé la nécessité de faire au collège d'importants remaniements matériels ; cependant ce n'était qu'en 1887 que le conseil municipal, « préoccupé du mauvais état dans lequel se trouvaient certaines parties des bâtiments du collège » (2), devait se résoudre à y faire exécuter de grands travaux. Au mois de mai 1886, le Bureau avait, une nouvelle fois, émis « un vœu des plus pressants pour que le Conseil municipal s'occupe activement des résolutions à prendre pour procurer dans le plus bref délai possible aux classes, dortoirs et autres lieux, dont l'insuffisance ou le délabrement menacent de devenir funestes à la prospérité du collège, les aménagements nécessaires à l'hygiène, et une bonne surveillance, et pour apporter dans cet établissement les améliorations

(1) Délibération.
(2) Andrieux, ibid,

matérielles que le bureau considère comme de plus en plus urgentes et indispensables. » (1)

Le Conseil municipal déclara que de larges améliorations matérielles seraient apportées dans les bâtiments du Collège et nomma une commission spécialement chargée de l'étude des travaux. Divers projets furent présentés ; ce fut celui de l'architecte de la ville qui obtint la préférence, les travaux lui furent donc confiés.

Nous n'avons pas à présenter ici les plans de ce projet, la vue des bâtiments actuels constituant la meilleure des descriptions; toutefois si ce projet semblait, plus que tout autre, répondre aux aspirations du jury, parmi ceux qui lui furent soumis, il en existait un, particulièrement intéressant.

Ce projet établissait l'entrée principale du Collège sur les promenades, à l'endroit où se trouve actuellement le pignon formé par le mur de l'établissement (extrémité de la rue du Collège). Cette entrée, constituée par une grille dorée monumentale, affectait la forme d'un demi cercle et se trouvait flanquée de deux pavillons, l'un comprenant l'économat et les logements de l'économe et du surveillant général, l'autre le parloir et l'appartement du principal. Dans le prolongement de cette entrée se trouvait la cour d'honneur, très vaste, sur l'emplacement de l'actuelle cour des grands ; d'autre part, suivant ce projet, le Collège se serait étendu jusqu'à la voie du chemin de fer, englobant les promenades, jadis jardin du Collège, et s'étendant jusqu'à la rampe du pont des morts, affectant ainsi la forme d'un vaste carré (2).

Les travaux de réédification du Collège commencèrent le 1er septembre 1887. Le 28 janvier suivant, au tradition-

(1) Délibération 17 mai 1886.
(2) Renseignements particuliers.

nel banquet de la Saint Charlemagne (1), M. Müller, ancien principal, salua le vieux Collège, avant que la pioche des démolisseurs ne l'eût entièrement détruit ; il rappela les générations studieuses qui s'étaient, à l'ombre de ces murs, préparées pour la vie. « Nous sommes le Passé — dit-il en terminant — et vous êtes l'Avenir, montrez-vous dignes de vos aînés. » M. Dufraigne, maire de Meaux, n'ayant pu se rendre à cette fête, adressait une lettre d'excuse au principal : « Je vous prie — disait-il dans cette lettre — d'être mon interprète auprès de MM. les Professeurs et de nos chers élèves pour leur exprimer tous mes regrets. Dites-leur combien j'aurais été heureux de boire à leur santé et de me féliciter, avec eux, d'avoir pu, enfin, réaliser la promesse que je leur avais faite, de reconstruire le Collège et donnez-leur, pour moi, rendez-vous à l'inauguration de l'édifice. » Des discours furent prononcés par M. Prevet, député de Seine-et-Marne, qui présidait la fête, par le Principal ; des vers furent dits par les élèves des hautes classes, notamment une très agréable et naïve poésie intitulée : *Adieux au vieux Collège*, dite par le jeune rhétoricien Tornezy.

Les travaux durèrent trois ans. On remarqua vers ce temps une diminution assez sensible du nombre des pensionnaires (137 en octobre 1891), dont il faut attribuer la cause au non-achèvement des travaux aussi bien qu'à la concurrence d'établissements rivaux, comme au développement de l'instruction primaire. Ce sont ces deux dernières causes que nous retrouverons plus tard, quand nous aurons à envisager la situation du Collège

---

(1) La Saint Charlemagne remplaçait, comme fête du Collège, la Saint Vincent-de-Paul, créée par M. Bully. Ce fut M. Brepsant, principal actuel, qui substitua à cette fête une grande excursion accordée aux meilleurs élèves du Collège. Par la suite, la ville supprima cette excursion.

actuel. D'ailleurs, ce chiffre de 137 pensionnaires se releva de dix unités l'année suivante.

Le Collège fut inauguré le 30 juillet 1890, par M. Deltour, inspecteur général de l'Université, remplaçant le ministre de l'Instruction publique. Le nouvel établissement ne rappelle plus que bien vaguement l'ancien Collège. L'emplacement des locaux a bien changé; ainsi la cuisine et le réfectoire qui se trouvaient, précédemment, dans l'aile droite, sur l'emplacement actuel de la salle de bains et des deux premières études, étaient transférés dans le bâtiment faisant suite, à gauche, au bâtiment central (1).

Le mémoire général des travaux se montait à 400.000 francs.

Le 4 octobre 1891 eut lieu l'inauguration de deux plaques commémoratives (2) placées dans le vestibule du Collège et offertes par l'*Association des Anciens Élèves* en l'honneur, l'une des bienfaiteurs du Collège, l'autre des anciens élèves morts pour la France. Cette fête patriotique fut présidée par M. Barbey, ministre de la Marine, venu ce même jour pour inaugurer la statue du

---

(1) On raconte sur l'établissement de cette nouvelle cuisine une bien plaisante anecdote. Au jour fixé par l'architecte, le chef de cuisine vint prendre possession du local nouvellement aménagé. « Eh bien, chef, lui dit le contremaître des travaux, comment trouvez-vous cela ? » La cuisine est vaste, bien éclairée, superbe ; le chef se déclare enchanté. Cependant, il va, vient, cherche de tous côtés *Plonge* et *Dépense* et finit par descendre dans la cour, ne sachant où les trouver. Il revient inquiet : « Voyons, tout cela est fort bien, mais où diable avez-vous mis ma plonge et ma dépense ? » Le contremaître ouvre des yeux énormes et avoue, stupéfait, que ces deux dépendances de la cuisine ont été oubliées au plan ! Personne ne s'était aperçu de cet oubli. Il fallut pour les établir retrancher une partie de la cuisine qui se trouva de ce fait considérablement réduite.

(2) Ces plaques étaient dessinées par M. Louis Vesseron, archiviste de l'Association, et la palme entre-croisée d'un sabre, fondue en bronze et placée sur la plaque des élèves morts pour la Patrie, était l'œuvre de M. Yvonnet, également ancien élève du Collège.

général Raoult, ce vaillant dont la ville de Meaux s'énorgueillit.

A trois heures de l'après-midi, M. Barbey arrive au Collège, entouré de MM. le général Gallimard, directeur de l'infanterie, représentant le ministre de la Guerre ; Reboul, préfet de Seine-et-Marne ; Merré, successeur de M. Dufraigne comme maire de la Ville ; Benoist, Régismanset, sénateurs ; Ch. Prevet, Montaut, Ouvré, Gastellier, comte Greffulhe, députés; Bougouin, sous-préfet de Meaux ; général Léon Gallimard, ancien élève du Collège ; de la Jarrige, colonel du 8e dragons (1) ; des membres du conseil municipal et d'une foule de notabilités. Il fut reçu par M. Pestelard, inspecteur d'Académie, assisté des membres du bureau d'administration, du comité de l'Association et du personnel du Collège. Les élèves, en tenue, étaient massés dans la cour d'honneur.

Plusieurs discours furent prononcés. M. Möller remit les plaques au nom de l'Association et fit un éloge touchant de tous ces braves, morts la plupart si jeunes pour notre France bien-aimée.

« C'est au collège — dit-il ensuite — que ces héros ont appris à connaître la Patrie et les devoirs qu'elle impose. Ces leçons fortement gravées dans leurs cœurs les ont soutenus dans les fatigues, dans les dangers et dans la mort; il ne faut pas que leur exemple soit perdu, il faut qu'à l'enseignement de leurs maîtres nos élèves joignent l'enseignement que leur ont donné leurs glorieux camarades. »

M. Louis Vesseron, archiviste de l'Association, lut ensuite la biographie de ces braves et M. le ministre répondit en quelques mots touchants, puis visita les locaux du collège, passa sur le front des élèves auxquels il ac-

---

(1) Le 8e dragons tenait alors garnison à Meaux.

corda un jour de congé, et toutes les notabilités signèrent ensuite le procès-verbal de la cérémonie. Nos lecteurs trouveront aux pièces justificatives le procès-verbal, ainsi que la liste des élèves du collège morts pour la Patrie et la courte biographie de chacun d'eux. Nous avons considéré en effet que la plaque où sont inscrits leurs noms constituait le livre d'or de notre collège et qu'il était de notre devoir, en en retraçant l'histoire, de rappeler ainsi le souvenir de ces héros.

En 1892, une subvention fut donnée par la ville pour la création d'une chaire d'agriculture, l'arrondissement et les arrondissements voisins fournissant au collège une clientèle à laquelle cet enseignement ne pouvait être que profitable. (1)

M. Szelechowski, nommé proviseur du lycée de Digne, quitta le collège le 23 août 1895. Comme nous l'avons dit, vue dans l'ensemble, son administration avait été excellente (2) et nous assistons dans la dernière année de sa gestion à une très remarquable progression du nombre des élèves, 252 en 1893, 263 l'année suivante, 267 en 1895. M. Szelechowski fut remplacé par M. Créances, antérieurement principal du collège de Blois, qui ne dirigea l'établissement qu'une année, du 1er septembre 1895 au 16 septembre 1896. Nommé en qualité de principal au collège d'Auxerre, il eut pour successeur M. Brepsant, principal du collège de Fontainebleau, qui prit ses

---

(1) Délibération du bureau, 2 décembre 1891.

(2) M. Andrieux, qui dans sa notice sur le collège est très sévère pour M. Szelechowski, lui rend néanmoins cette justice que : « si le collège a eu à souffrir de son caractère peu aimable, il a su toujours maintenir pendant son principalat, le renom de ses fortes études qui ont valu à notre établissement universitaire tant de succès dans les concours académiques. » Andrieux, *Histoire du Collège de Meaux*.

fonctions le 16 septembre et depuis ce jour, assume l'administration de l'établissement.

La première année d'administration de M. Brepsant est remarquable par l'accroissement du nombre des élèves, tant pensionnaires qu'externes : 301, dont plus de 150 pensionnaires en 1897 et l'année suivante 316 élèves, chiffre inconnu au collège depuis plus de douze ans. C'était un bon début, et comme d'autre part, les succès universitaires répondirent à cet accroissement, on peut dire que la nouvelle direction promettait les plus belles espérances. Malheureusement nous assistons en même temps à la création du collège de Saint-Germain, et la rentrée de 1898-1899 devait se ressentir de l'extension de cette maison rivale. Nous perdons 17 internes parisiens, chiffre vraiment considérable si l'on songe que les parisiens formaient encore à cette époque la plus grande partie du pensionnat. Que voulez-vous — Saint-Germain exerce alors une sorte de fascination sur l'esprit des parents. L'enseignement n'y est pas supérieur à celui de Meaux, ô non, mais c'est un établissement neuf ; et puis c'est si près de Paris ! Meaux, c'est loin, songez donc, 45 kilomètres ! un vrai dérangement pour une parisienne coquette, tout un voyage pour une mère qui veut embrasser son fils ! Voilà les raisons, émises par des parents vraiment trop pusillanimes, qui firent baisser l'effectif cette année là. Par la suite, d'autres établissements devaient se fonder à droite et à gauche et nous enlever encore des élèves. C'est l'éternelle théorie des nombres ; fondez 4 établissements d'éducation dans un rayon de 100 kilomètres, ces établissements seront bondés ; ajoutez-en 4 nouveaux, tous subsisteront, mais l'état florissant des premiers ne tardera pas à faire place à une prospérité qui n'aura plus rien d'excessif.

C'est là l'histoire du collège de Meaux et de tous les

collèges. Plus tard nous dirons quelles pensées nous suggère la situation actuelle. Le collège a été dernièrement en butte à des attaques injustes, il était impossible de n'en point parler.

CHAPITRE VI

Le Collège depuis 1900

Traité constitutif. — La baisse des élèves et ses causes. — Crise de l'enseignement. — L'enseignement primaire et secondaire. — Coup d'œil sur les programmes Le Collège actuel. — La rentrée du 3 octobre 1909.

Dès l'année 1900, on s'occupe activement du renouvellement du traité constitutif qui doit expirer le 31 décembre. M. le principal est chargé de préparer un rapport détaillé sur cette question, rapport qu'il expose à la séance du bureau du 10 novembre 1900, présidée par M. Weill, sous-préfet de Meaux.

Le bureau discute les dispositions du projet de contrat présenté par M. Brepsant et finit par les adopter à l'unanimité.

Ce projet, à part quelques légères modifications, servit de base au traité constitutif passé entre M. Georges Leygues, ministre de l'Instruction publique, agissant au nom de l'Etat, et M. Léon Barbier, maire de Meaux, autorisé par délibérations du conseil municipal, en dates du 3 décembre 1901 et 16 mai 1902. Le traité fixait les obligations de la Ville et celles de l'Etat, indiquait les traitements fixes du personnel, le montant de la rétribution collégiale, exposait en un mot toutes les conditions concernant l'administration du Collège.

Ce traité, liant pour dix ans, à dater du 1er janvier 1901, la Ville et l'Etat fut signé, par le ministre de l'Instruction publique le 13 janvier 1902 et par le maire le 16 mai suivant. C'est en vertu de ce traité, dû surtout aux efforts de M. Lioubes, inspecteur d'académie, et qui doit expirer au 31 décembre de l'année 1910, que le Collège est depuis lors administré ; et nous croyons pouvoir ajouter que les conditions de ce traité furent parfois très lourdes pour la Ville. Nous ne saurions donc mieux faire que de souhaiter, pour l'an prochain, un contrat décennal plus avantageux.

Bien que nous ayons autant que possible écarté de cette étude le point de vue strictement économique, nous ne pouvons passer sous silence la perturbation profonde apportée dans ce service par le décret présidentiel signé le 4 mai 1899 par M. Félix Faure et le règlement ministériel du 4 mai 1899 sur l'administration financière et la comptabilité des établissements publics d'instruction secondaire, rendu en exécution de ce décret. Ce règlement établissait sur des bases toutes nouvelles la comptabilité et notamment la comptabilité matières, jusqu'à cette époque assez rudimentaire et qui prenait dès lors des proportions vraiment considérables. L'économe, M. Lamy et son collaborateur M. Charreyron, l'économe actuel, passèrent des heures bien difficiles pour organiser cette méthode nouvelle.

Cette comptabilité excessivement minutieuse fonctionne depuis le 1er janvier 1901.

A la séance du Bureau d'administration du 15 mai 1905 on parla de supprimer la distribution des prix « qui devient puérile » et de la remplacer par des médailles et des diplômes remis aux lauréats dans une fête dépourvue de tout apparat inutile et qui serait bien plutôt une fête de famille qu'une cérémonie. Cette idée fut étudiée, discutée, mais la distribution des prix supprimée par l'ancien conseil fut rétablie par le nouveau. A notre avis, il est préférable de la maintenir, tout d'abord parce que les diplômes plairaient certainement moins aux élèves que les livres qui leur sont donnés au Collège et qui sont, pour la plupart, des ouvrages d'érudition ou de littérature signés de noms appréciés, et aussi parce que bien des personnes attacheraient à cette suppression un caractère de mercantilisme qu'elle n'aurait point pourtant, et que, de toutes façons, l'effet sur les familles serait plutôt fâcheux.

Qu'on nous permette enfin sur ce sujet une dernière réflexion. Il serait, nous semble-t-il, particulièrement désirable que la distribution des prix fût avancée du 30 au 15 juillet. En effet les travaux sérieux étant achevés à cette dernière date, bien des élèves désertent dès lors le Collège et trop éloignés ou trop absorbés par les plaisirs des vacances, négligent d'assister à la distribution des prix. Cette cérémonie, en ayant lieu le 15 juillet, permettrait une réunion plus nombreuse où tous les lauréats pourraient au moins figurer.

Nous arrivons maintenant au grand point : la diminution du chiffre des élèves. En 1900, nous avons au Collège 273 élèves, 288 en 1901, les chiffres se maintiennent à peu près les années suivantes, mais en 1905 nous assistons à une baisse des externes qu'il faut imputer à la tendance toujours plus grande des habitants de Meaux à envoyer leurs fils dans les écoles primaires. Ceux-ci pourvus du certificat d'études primaires, terminent leurs études par le cours complémentaire qui les retient jusqu'à quinze ou seize ans ; d'autre part « l'attrait de la gratuité est grand et l'on y résiste d'autant moins que l'on croit volontiers l'enseignement primaire aussi bon que l'enseignement secondaire. » (1)

(1) Délibération du bureau.

Grossière erreur, car chacun des deux enseignements a sa valeur propre. L'enseignement primaire n'a que le tort d'apprendre trop en trop peu de temps, si bien que la plupart des jeunes enfants qui sortent de l'école avec leur certificat d'études ne tardent pas, s'ils ne pratiquent plus, s'ils ne s'adonnent pas aux études post-scolaires à perdre les notions générales qui leur ont été données. Les instituteurs étant contraints, pour aider à la diffusion de l'instruction dans les classes besogneuses, de leur faire apprendre très vite, n'ont pas toujours le temps de les faire réfléchir suffisamment, et c'est ainsi que j'ai vu des jeunes gens passer de l'école communale au Collège, possédant par exemple une orthographe parfaite et qui ne tardaient pas, quand on les prenait par la réflexion, à faire des fautes nombreuses, à pécher même contre la syntaxe. Continué par le cours complémentaire et aboutissant au brevet, cet enseignement donne néanmoins de bons résultats.

L'enseignement secondaire est entièrement différent ; partant de la sixième pour monter jusqu'à la philosophie ou les mathématiques élémentaires, il s'échelonne sur une période de sept années et, de plus, comme les matières étudiées dans une classe ne sont plus au programme de la classe suivante, il possède toute la facilité nécessaire pour pousser un élève sans hâte et sans fièvre jusqu'à son baccalauréat. En somme les deux enseignements ne sauraient être mieux comparés : le primaire à une série de cercles concentriques qui représentent chacun les matières étudiées dans une classe et revues dans les classes suivantes avec des développements de plus en plus copieux ; le secondaire à une ligne droite, allongée chaque année, à mesure que les classes succèdent aux classes. Lequel est le meilleur des deux ? cela dépend du point de vue auquel on se place. Pour inculquer à l'enfant des connaissances générales et rapides, qui lui permettront de tenir dans la vie un rang modeste, il est évident que le primaire est suffisant, mais si l'on désire donner à un jeune homme une culture plus étendue, combien l'enseignement secondaire est préférable, lui qui ne se contente pas de bourrer les jeunes cerveaux de faits et de dates, mais qui nourrit la pensée, qui l'illumine et l'enrichit.

Hélas, bien des esprits sont aveugles et l'enseignement secondaire traverse une crise que nous ne saurions trop déplorer. Comme le disait M. le principal Brepsant dans son beau discours prononcé le 31 juillet 1909 à la distribution des prix du collège : « Cette Université à laquelle je suis fier d'appartenir, qui a donné à notre pays tant d'hommes distingués dont les mérites ont contribué dans une large mesure à la grandeur et à la gloire de la France, semble ne plus jouir aujourd'hui de la faveur d'antan. On lui reproche de ne plus répondre aux besoins de la société moderne. »

Et plus loin :

« Les tendances de plus en plus utilitaires de notre époque n'admettent plus qu'un mode de formation pour la jeunesse ; lui donner des connaissances qui la mettront à même de lutter et de vivre par le commerce et par l'industrie. »

Précisément, l'Université a répondu au besoin créé par ces tendances utilitaires en développant extrêmement, comme nous l'avons dit déjà, l'enseignement des sciences et aussi celui des langues étrangères.

Cette crise de l'enseignement secondaire, jointe à la fondation d'établissements nouveaux, sont les seules raisons de la diminution du nombre de nos élèves. On a voulu en chercher d'autres ; une campagne de presse fut entreprise et, dans plusieurs journaux, le grand mot de *Déficit*, fut entouré de commentaires mensongers. Nous trouvons dans *le Publicateur de l'arrondissement de Meaux*, daté du 1er janvier 1908, un article qui répondait à ces articles et en démontrait l'inanité.

Et voici ce que disait à ce sujet M. Brepsant, le 17 avril 1907 à la fête annuelle de l'Association des anciens élèves :

« On a tenté dans un but probablement politique, d'insinuer que le Collège était en souffrance. Je suis heureux de profiter de cette occasion pour protester contre une insinuation aussi inopportune que contraire à la vérité. En effet, peut-on dire qu'un établissement qui compte près de 280 élèves, qui a fait recevoir à la session dernière les trois quarts de ses candidats aux divers examens, dont la valeur morale et matérielle a été, à plusieurs reprises, hautement affirmée par les chefs académiques, est menacé de décadence ?

« Certes, l'Université, qui longtemps a été sapée par ses ennemis naturels, est aujourd'hui battue en brèche par l'enseignement primaire dont l'opinion publique fait en quelque sorte la pierre angulaire de la société future ; mais il restera toujours assez de familles, je veux l'espérer, pour comprendre que, dans une grande nation, il faut des hommes d'une culture intellectuelle plus étendue pour présider avec compétence à ses destinées et que l'Enseignement secondaire, complété par le supérieur, sera *seul* capable de fournir cette élite. Le collège de Meaux saura résister à la crise, je vous prie de le croire, grâce au dévouement de ses maîtres, à l'excellent esprit qui anime ses élèves, au soin vigilant qu'avec le concours bienveillant de la Municipalité nous prenons d'assurer le bien être de nos écoliers ».

Cette énergique protestation ratifie ce que je disais plus haut relativement aux dissemblances des deux enseignements primaire et secondaire. Cette maison d'ailleurs, si elle ne possède plus cette antique prospérité qui la faisait considérer comme le premier collège de France, prospérité vraiment extraordinaire et que l'époque actuelle ne permet plus, du moins jouit-elle encore d'une excellente renommée et mérite t elle par l'excellence de son enseignement comme par le nombre de ses élèves, une place d'honneur parmi les premiers collèges de l'Académie.

Pourvu d'un personnel enseignant de premier ordre, vingt-trois professeurs dont quinze agrégés et licenciés, il est dirigé par un principal qui a depuis longtemps fait ses preuves. M. Brepsant est assisté du surveillant général M. Plançon. Tous ceux qui s'intéressent à la vie de notre collège connaissent M. Brepsant et M. Plançon, et les connaissant les apprécient. Je ne ferai pas ici leur éloge. Je préfère laisser sur ce point la parole à tous les anciens élèves du Collège, à tous ceux qui, oubliant les sévérités nécessaires de la discipline, n'ont plus conservé de leur ancien principal qu'un souvenir profondément sympathique, comme aussi de M. Plançon l'impression d'un homme juste, dont la situation n'est pas toujours aisée, et qui doit bien souvent dissimuler sous une parole rude l'indulgence qu'il éprouve pour les petites sottises des enfants. (1)

L'établissement est régi par une Municipalité animée à son égard des plus excellentes intentions et qui ferait encore davantage pour sa prospérité si sa situation financière ne lui interdisait de trop généreuses initiatives. Le budget du Collège supporte de lourdes charges; nous sommes loin de la modeste maison de 1816. Les traite-

---

(1) Nous sommes heureux de rappeler ici que nous devons à M. Plançon la fondation de la magnifique bibliothèque savante de notre Collège. Elle comprend aujourd'hui tout près de 4 000 volumes, et les achats ainsi que les dons du Ministère l'augmentent sans cesse. Soigneusement catalogués par M. Plançon, ces volumes sont à la disposition des professeurs et fonctionnaires de l'établissement qui les consultent assidûment.

ments du personnel sont très élevés (1) ; d'un autre côté, les prix de denrées et marchandises (qu'on me pardonne ce détail) augmentent tous les jours et le taux de la rétribution collégiale est bien modeste, (730 — 430 — 210 — 160 dans les plus hautes classes pour la pension, demi-pension, externat surveillé, externat libre). Le compte administratif de 1908 s'est soldé en recettes à 161.707 fr. 16, en dépenses à 165.352 fr. 10; la subvention de l'État s'est élevée à 39.260 fr. 95 et celle de la Ville à 27.618 fr. 55. La simple éloquence de ces chiffres démontrera, mieux que les plus longs commentaires, l'importance de cette maison.

Le Collège de Meaux, en exécution du décret présidentiel rendu par Jules Grévy le 20 janvier 1886, est pourvu d'un Bureau d'administration composé de huit membres : l'Inspecteur d'académie, président ; le sous-préfet, le Maire, le Principal membres de droit, plus quatre membres nommés pour quatre ans par le Ministre sur la présentation du Recteur après avis du Préfet. Deux de ces membres sont choisis parmi les conseillers municipaux de la Ville (2). Le Bureau actuel nommé par M. Doumergue, ministre de l'Instruction publique, le 17 juillet 1908, se compose en plus des quatre membres de droit de MM. Chalot, Vesseron, conseiller municipal, Paul Petit, banquier et Germain, avoué. Le Bureau d'administration surveille et contrôle l'administration matérielle du Collège, exprime son avis sur l'opportunité et l'utilité des dépenses, examine les projets de budget qui lui sont soumis par le Principal, ainsi que le compte administratif des recettes et dépenses et le compte en matières de

---

(1) Pour l'année 1908, le chiffre des traitements du personnel administratif et enseignant seul, s'est élevé à 102.552 fr. 78. C'est, on le voit, une somme considérable.

(2) Art. 8.

chaque année. Enfin, sans rien pouvoir décider de sa propre autorité, il émet les vœux qui lui semblent les plus propres pour la prospérité et la vitalité de l'établissement.

Nous n'insisterons pas sur la valeur des études : les succès universitaires remportés chaque année en sont une garantie. Signalons cependant la belle victoire remportée en 1903 par M. Camille Richard (1), alors élève de philosophie, qui obtint le 1ᵉʳ prix d'histoire au concours général entre tous les lycées et collèges de France; en même temps que lui l'élève, Gazannois Jules, de la classe de rhétorique, obtenait le 5ᵉ accessit d'allemand Ce fut là une belle journée pour le Collège de Meaux et l'on ne savait vraiment lesquels étaient les plus fiers et les plus joyeux ou des jeunes lauréats ou de leurs distingués professeurs : M. George pour l'histoire, M. Copillet pour l'allemand.

Je veux maintenant consacrer quelques lignes à l'Association amicale des anciens élèves, qui tient dans la vie de notre collège une place particulièrement honorable.

Fondée comme nous l'avons vu en 1870, dans l'intention de resserrer entre les membres les liens amicaux formés durant leur séjour au collège, elle poursuit encore, sans se départir de cette idée maîtresse, un double but de solidarité et d'émulation : elle réserve aux élèves peu fortunés, mais intelligents et travailleurs, son appui pécuniaire et moral, leur facilite les débuts dans la carrière qu'ils choisissent et vient également en aide aux anciens élèves tombés dans le besoin. De plus, tous les ans, elle décerne au collège trois prix d'honneur, deux en son nom, un au nom de M. Pillot, ancien élève (fonda-

(1) M. Richard, qui obtint au dernier concours l'agrégation d'histoire, vient d'être nommé professeur au lycée de Bastia.

tion à perpétuité.) Composée actuellement de près de 350 membres et possédant un fonds de réserve de plus de 26.000 francs, sa situation est excessivement brillante. Elle est administrée par un comité composé d'un président et de dix-neuf membres élus pour quatre ans et renouvelables par quart chaque année ; les élections sont faites à l'Assemblée générale qui se réunit une fois par an.

Ces quelques renseignements ne peuvent donner qu'une faible idée de l'utilité et de l'intérêt de cette œuvre qui, sans bruit, sans vaine réclame, poursuit à l'ombre du collège son but solidaire et moral Depuis sa fondation, que de services n'a-t-elle pas rendus, combien d'anciens élèves lui doivent une grosse part de leur situation présente et combien de camarades infortunés ont trouvé dans son sein l'espoir des jours meilleurs et le remède à leurs maux !

L'Association est actuellement présidée par M. Émile Chalot, ancien adjoint au Maire de Meaux, assisté de M. Louis Vesseron, vice-président, tous deux également comme nous l'avons dit plus haut, membres du Bureau d'administration du Collège (1).

La rentrée du 3 octobre dernier fut excellente. Dès le 15 septembre d'ailleurs, les inscriptions nouvelles compensaient déjà largement le chiffre de sorties, et du 15 au 30 nous comptâmes encore un certain nombre de nouveaux pensionnaires. Il y a d'ailleurs eu augmentation

---

(1) Indépendamment des président et vice-président voici quels sont les membres du Comité en exercice.

MM. Renard Albert, trésorier, Vilpelle Édouard, secrétaire, Jules Bénard, C. ✻ C. ✻, régent de la banque de France, Deciry Maurice, Dabourg Paul, Grimault Maurice, Guilloux Georges, Guiot Gabriel, Graverry I ✻ Labouré, Lescuyer Roger, Lourdelet O. ✻, Marniesse O. ✻ Minost, Montmarte Paul ✻, Paul Petit ✻, Paul Profit et Taveau Jules.

dans toutes les catégories d'élèves et dans des proportions remarquables. Ce nous est une douce joie, en écrivant les dernières lignes de cette étude, de la terminer sur un succès qui nous donne pour l'avenir les meilleures espérances. La Municipalité, tenant compte de la nécessité de plus en plus impérieuse d'inculquer aux élèves des connaissances pratiques, vient d'innover au collège des cours de comptabilité commerciale, de sténographie, de dactylographie, assurés par des professeurs spéciaux. Ces cours destinés aux élèves qui veulent s'adonner au commerce sont gratuits et donnés naturellement en dehors des programmes.

Au jour où nous écrivons ces lignes (1), le chiffre des élèves du collège est de 247 se décomposant ainsi : 107 pensionnaires, 31 demi-pensionnaires, 9 externes surveillés, 100 externes libres.

(1) 8 novembre 1909.

CONCLUSION

Voici donc achevé cet assez long travail que nous avions entrepris avec cette belle imprévoyance de la jeunesse qui ne voit pas les obstacles ou les dédaigne s'ils existent. Grâce aux sympathies, aux précieux encouragements qui nous sont venus de toutes parts, nous avons pu le mener à bonne fin. En en considérant l'étendue, en relisant ces pages, très peu nombreuses si l'on veut bien considérer l'importance du sujet traité, il nous semble que ce travail répond presque à un besoin. En effet, que d'élèves sont passés par le Collège de Meaux, y faisant un séjour parfois fort long, s'y préparant pour la vie et qui cependant ne connaissent de cet établissement où se sont peu à peu modelé leur intelligence et formé leur cœur d'homme, que la date de fondation (1556) inscrite aujourd'hui au fronton de la porte de la cour d'honneur, chiffre qui est à lui seul un document, une indication, une référence, mais qui n'est pas une page d'histoire. Il importait donc, nous semble t-il, de relater cette histoire du Collège de Meaux, d'ailleurs si belle, aux ramifications curieuses, aux faits si variés ; non-seulement pour donner aux élèves actuellement dans ses murs de précieuses indications sur la maison où ils font leurs études, mais aussi et surtout pour évoquer chez les générations précédentes un souvenir particulièrement vivace de leur vieux collège. La sympathie qui les y unit n'a pas besoin d'être stimulée, mais elle se teintera d'une douceur plus profonde à la lecture de l'*Histoire du Collège*, comme notre tendresse pour un être cher semble s'amplifier, quand un ami nous en cause pieusement.

Voilà pourquoi, sans fatuité, nous estimons ce travail utile.

Et maintenant que nous en sommes aux réflexions, considérons rapidement l'Histoire du Collège de Meaux. Après avoir assisté à sa fondation, nous le voyons pendant une période de cent-cinquante années, adopté par le clergé, soutenu par les évêques de Meaux, qui furent tous d'ailleurs — à de très rares exceptions près — des hommes considérables autant par leur fortune que par leur talent. Et il nous semble entendre la voix du grand Bossuet quand il venait parler au séminaire-collège. Ensuite, c'est la figure austère et fine de M. de Bissy, homme de haute race, éducateur éminent ; puis la Révolution, la tourmente, l'ombre gigantesque de l'Aigle, puis Louis XVIII, ce pâle reflet de l'étincelant soleil monarchique, puis enfin, après un dernier bouleversement, la sérénité qui suit les orages.

Voilà tout ce que contient l'Histoire du Collège qui, aussi bien, n'est pas indigne de son passé. Désormais, régi par les Municipalités successives qui l'ont toujours entouré de leur sollicitude, sa vie, pour être plus calme, n'en fut pas moins productrice de succès. Aujourd'hui, malgré certaines épreuves qu'il a surmontées vaillamment, c'est toujours l'établissement de premier ordre que les aînés ont connu. Car le collège de Meaux ne saurait déchoir ; le chiffre de ses élèves pourra diminuer, la Ville saura faire les plus grands sacrifices pour que les études en soient toujours aussi brillantes et le service intérieur aussi parfaitement organisé.

Mais, Dieu merci, ces sombres suppositions ne se réaliseront pas; la rentrée du 3 octobre 1909 est une précieuse garantie pour l'Avenir.

Le collège de Meaux est bien vieux déjà, mais il ressemble à ces vieillards chenus, si vieux que la mort les oublie. Le Collège de Meaux vivra encore de longs jours, c'est-à-dire de beaux jours.

TABLEAUX

ET PIÈCES JUSTIFICATIVES

PRINCIPAUX

depuis le rétablissement du Collège dans les bâtiments restaurés de l'ancien couvent des Ursulines, en 1816.

MM.

DUPRAT, premier principal nommé par l'Université, donne sa démission lors du transfert du collège des bâtiments de l'ancien hôpital Jehan-Rose aux Ursulines. Principal du mois d'avril 1811 au 14 novembre 1816.

BULLY, 15 novembre 1816 — 30 mars 1842.

GUYOT, 1er avril 1842 — 30 mars 1863.

CARON, 1er avril 1863 — 1er décembre 1867.

MULLER, 10 décembre 1867 — 31 août 1882.

DUVAL, 1er septembre 1882 — 10 février 1886.

SZELECHOWSKI, 12 février 1886 — 23 août 1895.

CRÉANCES, 1er septembre 1895 — 15 septembre 1896.

BREPSANT, principal depuis le 16 septembre 1896.

BUREAU D'ADMINISTRATION

du Collège constitué le 17 juillet 1908 par arrêté
de M. G. Doumergue,
Ministre de l'Instruction publique.

MM.

BERTELOOT, Inspecteur d'académie, officier de l'Instruction publique, président.

MAUPOIL, Sous-Préfet, officier d'académie.

LUGOL, Maire de Meaux.

CHALOT, officier de l'Instruction publique.

VESSERON, conseiller municipal, officier d'académie.

GERMAIN, avoué, officier d'académie.

PETIT Paul, banquier, chevalier de la Légion d'honneur.

BREPSANT, Principal du collège, officier de l'Instruction publique.

LISTE DES PROFESSEURS

qui ont prononcé
les discours de la Distribution des prix du Collège
depuis 1885

MM.

1885 Gache, professeur de rhétorique.
1886 Collin, professeur de littérature et histoire.
1887 Berret, professeur de rhétorique.
1888 Gassies, professeur de troisième.
1889 Martin, professeur de physique et chimie.
1891 Feschotte, professeur de cinquième.
1892 Andrieux, professeur de huitième.
1893 Linger, professeur de mathématiques.
1894 Courgey, professeur de sixième.
1895 Mertz, professeur de troisième.
1896 Larsonneur, professeur de sixième.
1897 Bigaut, professeur de quatrième.
1898 Pasquier, professeur de quatrième.
1899 Bulard, professeur de quatrième.
1900 Lebert, professeur de septième.
1901 Noel, professeur d'allemand.
1902 Tourrette, professeur de cinquième.
1903 George, professeur d'histoire.
1904 Manceau, professeur de huitième.
1905 Lebeuffe, professeur de sixième.
1906 Burlet, professeur de quatrième.
1907 Roussel, professeur de physique.
1908 Moraux, professeur de dessin.
1909 Mertz, professeur de seconde.

PIÈCES JUSTIFICATIVES

I — Page 20

Requête des habitants de la Ville de Meaux à Monseigneur Séguier.

EXTRAIT DES REGISTRES DU GREFFE DU BAILLIAGE DE MEAUX

Dans l'Assemblée faicte en la chambre commune de la ville de Meaux, pardevant Nous, Isaac Leber, seigneur des Fossez, conseiller du Roy, en ses conseils d'Estat privé, premier président et lieutenant général au Baillage et siège présidial du dit Meaux. En présence de MM. Isaac Leber, conseiller du Roy, M. Jean Chabouillé, procureur du Roy audit baillage, siège présidial, En l'hostel de Ville, Encors en présence de Maistre François Musnier, conseiller du Roy audit Baillage et Siège présidial, Maistre Roland Chabouillé, procureur du Roy, Maistre Arnaut de Puisieux, notaire royal, gouverneurs et Eschevins de la dite ville, marché et faubourgs dudit Meaux, Maistre Claude Petit, conseiller du Roy — contrôleur des Deniers communs de la dite ville et de plusieurs habitants d'Icelle ville.

A esté conclud que, Messire Dominique Séguier, Évesque de Meaux, conseiller du Roy en ses conseils et Premier aumosnier de Sa Majesté, sera supplié par les officiers et eschevins de ladite ville, de vouloir unir et incorporer la prébande Préceptoriale au séminaire par lui nouvellement Estably dedans l'Hospital Jean Roze. A la charge de par les prestres dudit Séminaire, Enseigner les bonnes lettres aux jeunes enfans de Ladite ville Gratuitement et sans aucun sallaire, en considération de quoy lesdits officiers et Eschevins, Esdits noms, continueront par chacun et envers ledit séminaire La somme de Cent Livres Tournois par forme de Pension Telle qu'ils (étaient) accoustumés de païer au Principal du Collège de ladite ville.

Fait, conclud et arresté En l'hostel de Ladite ville, le Mardy Septième Jour d'aoust Mil six cens Quarante-six.

RONSSIN

(Arch. Hop. J. Rose — IV-A-4 — parchemin.)

II — Page 24

Concordat entre Mgr. de Ligny et les chanoines de l'ordre de Saint Augustin.

EXTRAIT DES REGISTRES DU GREFFE DE L'HOSTEL DE VILLE DE MEAUX

Un concordat fait entre Illustrissime et révérandissime père en Dieu Dominique de Ligny, évesque de Meaux d'une part, et révérandissime père en Dieu François Blanchard, abbé de l'abbaye Sainte Geneviève de Paris et supérieur général des chanoines réguliers de l'ordre de Saint Augustin de la congrégation de France d'autre part, passé pardevant Bourdan et [Chanlourt (?)] notaires au Chastelet de Paris le seizième jour de décembre mil six cent soixante-ung a esté extrait ce qui suit :

Attendu l'union qui a esté faite du collège de la ville de Meaux au séminaire dudit Meaux, tant par la sentence de feu Mgr. l'illustrissime et révérandissime Dominique Séguier, évesque de Meaux, que par lettres patentes de Sa Majesté, ratifiées en son parlement de Paris et Grand Conseil, seront tenus les chanoines réguliers d'exercer ou faire exercer bien et dûment par eux ou par d'autres à leur choix et option, à leurs dépens, le collège de ladite ville, d'instruire et enseigner la jeunesse gratuitement et pour cet effet fournir et entretenir deux ou trois régens.

Les dits chanoines réguliers jouiront du revenu de la prébande préceptoriale affectée à l'instruction de la jeunesse et de Cent livres que ladite ville doit fournir pour chacun an.

(On trouve plus bas sur l'expédition de ce concordat qui passa par nos mains la mention suivante :)

L'Extrait ci-dessus délivré par Moy Greffier en chef du présidial de Meaux, greffier du baillage dudit lieu, le lundy huitième jour du mois de Janvier mil six cens soixante-trois, sur la minutte qui est en mes mains.

RONSSIN, Greffier.

• ⇒ ⋅ ⊹ ⋅ ⇐ • ⋅

III -- Page 28

Consentement des habitants de Meaux à ce que le collège soit régi par les prêtres du Saint-Esprit.

EXTRAITS DES MINUTES DU GREFFE DU BAILLAGE DE MEAUX

En l'assemblée générale des habitants de la ville de

Meaux, convoquée le jour d'hier au son du tambour par ordonnance de Monsieur le lieutenant général du Baillage et siège présidial de Meaux, du mesme jour et tenue ce jourd'hui vingt-sept Mars mil Sept cens trente-sept, deux heures de relevée, en l'hostel commun de la ditte ville et pardevant Nous Louis Marie Robert Marquelet, chevalier, seigneur De la Noüe, conseiller du Roy, lieutenant général au dit baillage et présidial, estoient Messieurs Saget, lieutenant particulier esdits sièges, Durée lieutenant particulier, assesseur criminel.

..... A esté conclud à la pluralité des voix recueillies par mon dit sieur le lieutenant-général, que la ditte assemblée générale représentant la ville, donne son consentement à ce que le collège de la ditte ville soit uny à la communauté du Saint-Esprit, tant et si longuement que la ditte communauté demeurera étably en la maison de Jean Rose et que la pension de cent livres qui est donnée par la ditte ville soit payée annuellement au supérieur de la ditte communauté mesme et tant qu'il est de la ville, elle consent que la ditte communauté jouisse de la prébande préceptoriale attachée audit collège, à la charge d'instruire gratuitement la jeunesse et sauf à la ville à rentrer dans ses droits au cas que la ditte communauté du Saint-Esprit sorte de la ditte maison de Jean Rose, et se réserve de faire en tous temps à Monsieur l'Evêque de Meaux telles représentations qu'il conviendra sur la capacité et les mœurs des sujets qui seront établis pour régents.

. . . .

(Arch. hop. J. R. IV — E-5.)

IV — Page 28

Concordat entre Mgr. le cardinal de Bissy et les prêtres du Saint-Esprit
10 avril 1737 (Extraits).

ARTICLE 7.

Les professeurs d'humanités qui desserviront le collège uni au séminaire seront soumis à l'autorité du supérieur dudit séminaire et tenus d'observer les règlements qui leur seront prescrits tant pour leur conduite particulière que pour la desserte du collège. Pourra le supérieur les renvoyer ou les changer en en avertissant Mgr. l'Evêque ou bien ses grands vicaires.

ARTICLE 14.

Les supérieurs et directeurs du séminaire de Meaux auront l'entière régie et administration de tous les biens et revenus de l'hôpital de Jean Rose, de ceux du séminaire, de ceux du Collège et de ceux des différentes fondations de Son Éminence qui ont rapport audit hôpital, séminaire et collège, tous lesquels biens et revenus dont sera dressé un état double, lesdits supérieur et administrateurs seront tenus de régir et gouverner en bons pères de famille sans souffrir ny permettre qu'ils soient détériorés, endommagés ny diminués.

ARTICLE 16.

Tous les revenus ci-dessus composeront une masse sur laquelle seront prises toutes les sommes nécessaires pour les nourriture, le chauffage, le blanchissage et la lumière des six directeurs du séminaire, des trois régens du collège, des dix enfants bleus fondés par Jean Rose et des dix nouveaux fondés par son Éminence, pour l'entretien de ces vingt enfans, la nourriture et les gages des domestiques, la nourriture seulement des séminaristes et des pensionnaires du Collège et généralement tous les autres frais et dépenses que l'on sera obligé de faire pour la conservation et l'achapt des meubles et livres nécessaires à la maison, pour les frais des médecins, chirurgiens et apothicaires, les frais de voyage nécessaires pour l'utilité de la maison, les aumônes et autres dépenses imprévues mais nécessaires.

Article 18.

Les honoraires et entretien des trois régens qui desserviront le collège seront pareillement pris sur lesdits revenus à raison de Deux Cens livres pour le Régent de sixième et cinquième, de deux Cens cinquante livres pour le régent de quatrième et troisième et Trois Cens livres pour le régent de la seconde et de la rhétorique.

(Arch. J. R. IV — E-6.)

V — Page 50

Délibération du Conseil municipal relative au traité passé avec M. Bully.

Extrait du Registre des Délibérations du Conseil Municipal de la Ville de Meaux, session ordinaire de mil huit cent dix-neuf.

Séance du 27 août 1819.

Le Conseil après avoir entendu la lecture des propositions relatives au changement de régime du pensionnat du Collège, contenues dans la délibération du Bureau d'administration du vingt-trois de ce mois, et après en avoir délibéré a approuvé à l'unanimité le projet présenté et a arrêté en conséquence que le pensionnat du Collège de Meaux serait régi suivant le mode et aux charges et conditions insérées en la délibération contenant ledit projet.

M. Bully appelé à la séance et auquel il a été donné communication de la Résolution du Conseil Municipal lui a témoigné sa reconnaissance, a accepté de nouveau les conditions insérées audit projet et a contracté envers le Conseil l'engagement de les exécuter.

M. Bully a de plus proposé au Conseil de se charger gratuitement de l'éducation et nourriture, à l'instar des pensionnaires de la maison, d'un élève au choix du Conseil aussitôt que le nombre des Élèves internes s'élèverait à Cent et de deux élèves lorsque le même nombre s'élèverait à Cent cinquante.

Le Conseil, touché de cet acte de générosité, a accepté la proposition de M. Bully et lui a témoigné sa gratitude.

Et ont les membres présens signé avec M. Bully.

Le Maire de la Ville de Meaux
V. DEVEAUX

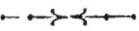

VI — Page 81

Noms des anciens élèves du Collège morts pour la Patrie, tels qu'ils sont gravés sur la table de pierre placée dans le vestibule de l'établissement

POITEVIN Wilfrid, lieutenant, (Alma) 1854.
LEFRANC Alfred, lieutenant, (Inkermann) 1854.
TESTART Zacharie, lieutenant-colonel, (Mexique) 1866.
BURLAUD Alexis, chirurgien, (Armée de la Loire) 1870.
GÉRARD Léon, capitaine, (Sud-Oranais) 1870.

DOURNAUX-DUPERRÉ, explorateur, (Soudan) 1873.
LAGRAVE Henri, Dap-Can, (Tonkin) 1886.
DAUTHIEU Emile, sergent, Hang-Hoa (Tonkin) 1887.
RIDANT Louis, sergent-major, (Solférino) 1859.
VAUDESCAL Eugène, lieutenant, (Djigelli) 1851.
MAHEU Louis, premier maitre au « Farfadet », (Bizerte) 1905.
AUDHUY Georges, aide-major de 1re classe, Hanoï (Tonkin) 1908.

Notices biographiques sur les élèves du Collège de Meaux, morts pour la Patrie (1)

POITEVIN Wilfrid. — Lieutenant d'infanterie, est mort à la prise de l'Alma. Je transcrirai simplement ici une phrase du rapport officiel, adressé à l'Empereur au lendemain de la bataille, par le maréchal de Saint-Arnaud : « Le lieutenant Poitevin, du 39e de ligne, a tenu le premier sur le bâtiment du télégraphe qui formait le point central de la défense de l'ennemi, le drapeau de son régiment ; il y est mort glorieusement emporté par un boulet ».
Quel éloge en dirait plus que ce témoignage officiel publiquement rendu à sa mémoire par le commandant en chef de l'expédition de Crimée.

---

(1) Sauf trois, toutes ces notices ont été composées par M. Louis Vesseron, archiviste de la Société des Anciens élèves en 1891, aujourd'hui vice-président. Nous avons composé la notice sur M. Dournaux-Duperré, explorateur, d'après un excellent article dû à la plume de M. Séris, professeur d'histoire au collège de Meaux (avril 1891) et celles de MM. Maheu et Audhuy d'après les documents récents.

LEFRANC Alfred. — Lieutenant de zouaves, chevalier de la Légion d'honneur, a été tué à la bataille d'Inkermann alors que la lutte terminée et l'ennemi en complète déroute, une seule batterie ennemie tirait encore à peine quelques boulets perdus. Lefranc reçoit l'ordre de remplacer dans le commandement son capitaine tué pendant le combat et d'enlever cette batterie. Il s'élance à la tête de sa compagnie et tombe frappé par un boulet alors qu'était passée l'heure des grands périls. La mort était venue le surprendre en pleine victoire.

* * *

TESTART Zacharie. — Lieutenant-colonel, chevalier de la Légion d'honneur, mort à Oajaca (Mexique) était commandant à la prise de Publéo. Chargé de prendre avec le rang de lieutenant-colonel le commandement d'un régiment de Cazadores, il est envoyé à Oajaca; attaqué par des forces très supérieures en nombre, il se voit abandonné de tous ses soldats mexicains qui s'enfuient. Mais demeurés seuls, Testard et trente-deux français, plutôt que de se rendre, aimèrent mieux se faire massacrer jusqu'au dernier.

Pour honorer tant de bravoure, le général mexicain Porfirio Diaz leur a fait élever un monument sur lequel sont gravés leurs noms.

* * *

BURLAUD Alexis. — Après de brillantes études, était médecin à Paris et tout lui présageait le plus heureux avenir. En 1870, aussitôt après la déclaration de guerre, il s'engage dans le service des ambulances et est fait prisonnier à la suite d'un des premiers combats. Remis en liberté il repart à Sedan, est fait prisonnier de nouveau et recouvre une fois encore la liberté. Il avait vu de près le terrible spectacle qui succède à un jour de bataille et en avait été profondément ému ; les souffrances des blessés faisaient un devoir à cette âme vaillante d'aller à leur secours ; il rejoignit l'armée de la Loire avec l'ambulance de M. le docteur Ledentu. Mais épuisé par les fatigues, en contact avec les maladies qu'engendrent les grandes agglomérations, il fut atteint lui-même et dut se retirer à la Mothe-Beuvron où il mourut, glorieuse victime du devoir professionnel et de l'amour de la Patrie.

* * *

GÉRARD Léon. — Capitaine au 1ᵉʳ régiment de tirailleurs algériens, faisait partie d'une colonne envoyée pour réprimer l'une des insurrections qui éclatèrent pendant la guerre de 1870. Il s'était fait remarquer par son intrépidité et sa bravoure à toute épreuve. Atteint d'une blessure grave il dut être transporté à Blidah où il succombait après plusieurs jours de cruelles souffrances.

* * *

DOURNAUX-DUPERRÉ. — Norbert Dournaux naquit à la Guadeloupe le 2 juin 1845 ; les circonstances le conduisirent au collège de Meaux où il fit ses études comme boursier de 1855 à 1862. Epris du goût le plus vif pour les expéditions lointaines, il sollicite en vain, dès 1869, la Société de Géographie pour une exploration dans le continent Sud-Américain ; mais il ne se décourage point de cet échec, et, digne émule de Livingstone, rêve bientôt de pénétrer dans le continent noir qui réservait encore tant de secrets au monde civilisé.

Nommé en 1869 commissaire de la Marine au Sénégal, il étudie le pays et consigne ses observations dans un rapport qu'il envoie à la société de géographie. En 1871, sa mission terminée, il se fait nommer instituteur dans le Sud-Oranais où il se perfectionne dans la langue arabe,

Dournaux complète ses renseignements puis expose dans un autre rapport le but qu'il se propose : parvenir jusqu'au Niger, étudier la situation politique et économique de cette région et préparer ainsi la route à de grandes entreprises. Mais il fallait se lancer en plein inconnu et tracer à travers le désert une route nouvelle. Ayant réuni 5.000 francs et n'ayant pour compagnon de route qu'un commerçant de Tougourt, M. Joubert, et un arabe, Ahmed Ben Zerma, il se décida à partir. Parti de Tougourt à la fin de janvier il arriva en avril à Ghadamès, après avoir accompli le premier ce voyage qui lui valut l'éloge de Duveyrier à la Société de Géographie.

Hélas, il est à peine sorti de Ghadamès que les bruits les plus sinistres se répandent, bientôt confirmés. Attaqués par une troupe de Chamboa, ennemis des populations qui les protégeaient, Dournaux et ses deux infortunés compagnons avaient été massacrés. Malgré cette fin tragique, l'œuvre accomplie survécut. Dournaux avait eu le soin d'envoyer tous ses papiers à Duveyrier; le journal de l'expédition fut publié et le malheureux explorateur eut ainsi la consolation suprême d'avoir fait avancer d'un pas la science géographique.

**

LAGRAVE Henri et le sergent Emile DAUTHIEU. — Ont trouvé la mort au Tonkin, au milieu de ces luttes pénibles des colonies, où les soldats, séparés par des milliers de lieues de la mère-patrie, sans cesse en expédition ou disséminés par petits groupes dans les postes avancés, ont parfois à redouter presque autant les périls accumulés par la nature que la balle du pirate embusqué pour les surprendre.

**

RIDANT Louis. — Du 74ᵉ régiment de ligne, avait débuté comme simple soldat et conquis rapidement les galons de sous-officier, puis de sergent-major et avait pris part aux premiers combats de la campagne d'Italie. Il a péri, frappé par une balle à la tête à la bataille de Solférino.

* * *

MAHEU Louis. — Agé seulement de 24 ans faisait partie en qualité de maître mécanicien de l'équipage du sous-marin « Le Farfadet » lorsqu'il fut englouti le 6 juillet 1905, à huit heures du matin, dans les eaux du lac de Bizerte (Tunisie). La ville et la population de Meaux firent le lundi 31 juillet suivant, des obsèques solennelles à cet infortuné marin, mort si tragiquement au champ d'honneur.

* * *

AUDHUY Georges. — Fit d'excellentes études au collège de Meaux, puis après avoir obtenu son diplôme de médecine, partit en qualité de médecin militaire dans notre colonie du Tonkin. Médecin aide-major au 5ᵉ tirailleurs, puis attaché à l'hôpital d'Hanoï, le plus bel avenir s'ouvrait devant lui lorsqu'il périt, victime du surmenage qu'il s'était lui-même imposé.

Procès-verbal de la cérémonie du 4 octobre 1891

Le 4 octobre 1891, à 3 heures et demie du soir, les Membres du Bureau d'administration se sont réunis, sous la présidence de M. Pestelard, Inspecteur de l'Académie de Paris, pour recevoir M. Barbey, Ministre de la Marine, qui, assisté de MM. le Général Gallimard, représentant du

Ministre de la Guerre; Reboul, Préfet de Seine-et-Marne; Merré, maire de Méaux; Benoist et Régismanset, sénateurs; Ch. Prevet, Montaut, Ouvré, Gastellier, comte Greffulhe, députés; Bougouin, sous-préfet de Meaux; de la Jarrige, colonel du 8ᵉ Régiment de dragons; des membres du Conseil municipal de Meaux; de plusieurs membres du Conseil général et de nombreuses notabilités de la ville et du reste du département, venait présider à l'inauguration des plaques posées dans le vestibule de l'établissement et destinées à perpétuer la mémoire des anciens élèves du collège morts pour la patrie et celui des bienfaiteurs du collège. Ces plaques ont été offertes par M. Müller, ancien principal du Collège et président de l'Association des Anciens élèves, au nom de cette association et par M. Merré, Maire, au nom de la Ville de Meaux.

Après les allocutions de M. Müller et de M. le Ministre de la Marine, qui ont profondément ému tous les assistants, M. le Ministre a visité le réfectoire, les dortoirs, les cours du collège, il a passé devant le front des élèves réunis dans la cour, qui ont acclamé le représentant du Gouvernement de la République. Il a bien voulu, ainsi que la plupart des assistants, signer le procès-verbal de cette cérémonie.

> J. BARBEY, REBOUL, Général GALLIMARD, Général LÉON GALLIMARD, PESTELARD, CH. PREVET, BENOIST, BOUGOUIN, CHELEKOWSKI, PARMANTIER, B. MULLER, MONTAUT, MERRÉ, RÉGISMANSET, GASTELLIER, RABATÉ, DELBET, BOURJOT, Comte GREFFULHE, DERVELOY, CLAVE-BERTRAND, ALFRED DROZ, Colonel DE LA JARRIGE.

PERSONNEL

Administratif et Enseignant du Collège au 1ᵉʳ Janvier 1910

Administration

Principal : M. **Brepsant**, Licencié ès-lettres, O. I. ✿.
Surveillant Général : M. **Plançon**, Bachelier ès-lettres, A. ✿.
Econome : M. **Charreyron**, pourvu du brevet élémentaire.

Enseignement

Aumônier catholique : M. l'abbé **Jager**.
Pasteur protestant : M. **Kantzer**.

Enseignement A	*Enseignement* B
Mathématiques	
M. **Rabaté**, Licencié ès-sciences mathématiques, O. I. ✿.	M. **Rabaté**.
M. **Mocquart**, Licencié ès-sciences mathématiques et ès-sciences physiques, O. I. ✿.	M. **Mocquart**.
Physique et Chimie	
M. **Seignier**, Licencié ès-sciences physiques et ès-sciences mathématiques, A. ✿.	M. **Pillot**, Licencié ès-sciences mathématiques et ès-sciences physiques, O. I. ✿.

Lettres

PHILOSOPHIE
M. **Brunat**, Bachelier ès-sciences, Licencié ès-lettres, O. I. ✿.

HISTOIRE
M. **George**, Licencié ès-lettres pourvu du diplôme d'études supérieures d'Histoire, A. ✿.

PREMIÈRE
M. **Gassies**, Licencié ès-lettres, O. I. ✿.

SECONDE
M. **Rollin**, Licencié ès-lettres.

TROISIÈME
M. **Courgey**, agrégé de l'Université, A. ✿.

QUATRIÈME
M. **Burlet**, Licencié ès-lettres, A. ✿.

CINQUIÈME
M. **Tourette**, Licencié ès-lettres, O. I. ✿.

SIXIÈME
M. **Larsonneur**, Licencié ès-lettres, O. I. ✿.

PHILOSOPHIE
M. **Brunat**.

HISTOIRE
M. **George**.

PREMIÈRE
M. **Gassies**.

SECONDE
M. **Rollin**.

TROISIÈME
M. **Courgey**.

QUATRIÈME
M. **Bulard**, pourvu du Certificat d'aptitude à l'enseignement moderne et du diplôme d'études supérieures d'Histoire, O.I.✿.

CINQUIÈME
M. **Manceau**, pourvu du Brevet supérieur.

SIXIÈME
M. **Lebeuffe**, bachelier de l'enseignement spécial, A. ✿.

Langues vivantes

ALLEMAND
M. **Copillet**, pourvu du Certificat d'aptitude à l'enseignement de l'allemand, O. I. ✿.

ANGLAIS
M. **Rosa**, pourvu du Certificat d'aptitude à l'enseignement de l'anglais, A. ✿.

ALLEMAND
M. **Noël**, Bachelier ès-lettres, A. ✿.

ANGLAIS
M. **Rosa**.

Classes élémentaires

Septième et Huitième :	M. **Lebert**, pourvu du Brevet supérieur et du Certificat d'aptitude pédagogique, A. Q.
Classe préparatoire :	Mlle **Delgoffe**, pourvue du Brevet supérieur et du Certificat d'aptitude pédagogique, A. Q.
Classe enfantine :	Mme **Petit**, pourvue du Brevet élémentaire et du Certificat d'aptitude pédagogique, A. Q.
Dessin :	M. **Moraux**, pourvu du certificat d'aptitude.
Gymnastique :	M. **Lamorlette**, pourvu du diplôme de gymnastique, A. Q.

SOURCES PRINCIPALES

MANUSCRITS

Claude ROCHARD : *Antiquitez de la Ville de Meaux.*
Claude ROCHARD : *Histoire de Meaux.*
Archives hospitalières : documents relatifs à l'hôpital de Jean Rose et notamment : Série IV, carton A, liasses 1 et 4, carton B. liasse 11, carton E. liasse 6.
Mémoire anonyme sur le Collège de Meaux.

IMPRIMÉS

Mgr Auguste ALLOU : *Chronique des évêques de Meaux,* 1 vol. Meaux, imp. Cochet.
J. P. ANDRIEUX : *Histoire du collège de Meaux,* 20 pp. Meaux — imp. Laffitteau, 1896.
A. CARRO : *Histoire de Meaux,* 1 vol. imp. Carro.
Notice et Statuts : *Association des anciens élèves du Collège de Meaux.* Imp. A. Cochet, 1873.

JOURNAUX

Le Journal de Meaux (devenu) *Le Journal de Seine-et-Marne.*
Le Publicateur de l'arrondissement de Meaux.
L'Indépendant de Seine-et-Marne.

DIVERS

Archives collégiales : documents divers.
Registres des délibérations du Bureau d'administration du Collège.
J. P. ANDRIEUX : Discours prononcé à la distribution des prix du Collège de Meaux, le 30 juillet 1892.
Recueils des devoirs latins et autres des élèves du Collège, années 1816 à 1841.
Bulletins de l'Association amicale des anciens élèves du Collège.
Palmarès.

TABLE DES MATIÈRES

Avant-propos 7

PREMIÈRE PARTIE

Le Collège depuis sa fondation jusqu'à la Révolution (1556-1789).

CHAPITRE PREMIER

Fondation. 13

CHAPITRE II

L'hôpital Jean-Rose converti en séminaire. — A la demande des habitants de Meaux, le Collège est uni au séminaire. — Construction du couvent des Ursulines de Meaux. — Le séminaire, le Collège. — La direction générale des études est confiée par Mgr de Ligny aux chanoines réguliers de l'ordre de Saint-Augustin. . . . 17

CHAPITRE III

Le Collège sous l'épiscopat du Cardinal de Ligny. . . . 25

CHAPITRE IV

Le Collège de 1740 à 1789 32

DEUXIÈME PARTIE

Le Collège de 1789 à nos jours.

CHAPITRE PREMIER

Révolution 37

CHAPITRE II

Empire. — Restauration.   41

CHAPITRE III

Le Relèvement du Collège. — Administration de MM.
  Bully, Guyot et Caron   48

CHAPITRE IV

M. Müller est nommé Principal. — Prospérité du Collège.
  — Fondation de l'Association amicale des anciens
  élèves. — Le Collège est mis en régie.   63

CHAPITRE V

Le Collège de 1882 à 1900

Principalat de M. Duval. — M. Szelechowski. — Réédification du Collège. — Les tables de pierre du vestibule.
  — Inauguration. — M. Créances. — M. Brepsant . . .   69

CHAPITRE VI

Le Collège depuis 1900

Traité constitutif. — La baisse des élèves et ses causes. —
  Crise de l'enseignement. — L'enseignement primaire et
  l'enseignement secondaire. — Coup d'œil sur les programmes. — Le Collège actuel. — La rentrée du
  3 octobre 1909.   80
Conclusion   91

TABLEAUX ET PIÈCES JUSTIFICATIVES

Principaux depuis le rétablissement du Collège dans les
  Bâtiments restaurés de l'ancien couvent des Ursulines
  en 1816   97
Bureau d'Administration   98
Liste des professeurs qui ont prononcé les discours à la
  distribution des prix du Collège depuis 1885   99

DOCUMENTS ANNEXES

I. — Requête des habitants de la Ville à Monseigneur Séguier. 100
II. — Concordat entre Mgr de Ligny et les chanoines de Saint-Augustin. 101
III. — Consentement des habitants de Meaux à ce que le Collège soit régi par les prêtres du Saint-Esprit 102
IV. — Concordat entre Mgr le cardinal de Bissy et les prêtre du Saint-Esprit. (Extraits). 104
V. — Délibération du Conseil Municipal relative au traité passé avec M. Bully 105
VI. — Liste des anciens élèves du collège morts pour la Patrie 106
VII. — Notices biographiques. 107
VIII. — Procès-verbal de la cérémonie du 4 octobre 1891. 111

Tableau du Personnel du Collège. 113

Sources. 116

Table. ....

Imprimerie L. Bellé, Meaux (S.-et-M.)

www.ingramcontent.com/pod-product-compliance
Lightning Source LLC
Chambersburg PA
CBHW070519100426
42743CB00010B/1866